Kohlhammer

Die Autoren

Seit dem Abschluss des Lehramtsstudiums der Sonder- und Grundschulpädagogik im Jahr 2011 ist **Simon Sikora** an der Universität Rostock als wissenschaftlicher Mitarbeiter am Institut für Sonderpädagogische Entwicklungsförderung und Rehabilitation tätig. Er wurde 2017 mit einer Arbeit zur Lernverlaufsdiagnostik im Mathematikunterricht promoviert. Seine Forschungsschwerpunkte liegen im Bereich der Diagnostik, Prävention und Förderung im inklusiven Mathematikunterricht.

Seit dem Abschluss des Lehramtsstudiums der Sonderpädagogik mit dem Fach Mathematik im Jahr 2010 ist **Stefan Voß** an der Universität Rostock als wissenschaftlicher Mitarbeiter am Institut für Sonderpädagogische Entwicklungsförderung und Rehabilitation tätig. Er wurde 2014 mit einer Arbeit zu curriculumbasierten Messverfahren im mathematischen Anfangsunterricht promoviert. Seine Forschungsschwerpunkte liegen im gemeinsamen Mathematikunterricht und in der Verlaufsdiagnostik in schulischen Entwicklungsbereichen.

Simon Sikora, Stefan Voß

Mathematikunterricht in der inklusiven Grundschule

Verlag W. Kohlhammer

Dieses Werk einschließlich aller seiner Teile ist urheberrechtlich geschützt. Jede Verwendung außerhalb der engen Grenzen des Urheberrechts ist ohne Zustimmung des Verlags unzulässig und strafbar. Das gilt insbesondere für Vervielfältigungen, Übersetzungen, Mikroverfilmungen und für die Einspeicherung und Verarbeitung in elektronischen Systemen.

Die Wiedergabe von Warenbezeichnungen, Handelsnamen und sonstigen Kennzeichen in diesem Buch berechtigt nicht zu der Annahme, dass diese von jedermann frei benutzt werden dürfen. Vielmehr kann es sich auch dann um eingetragene Warenzeichen oder sonstige geschützte Kennzeichen handeln, wenn sie nicht eigens als solche gekennzeichnet sind.

Es konnten nicht alle Rechtsinhaber von Abbildungen ermittelt werden. Sollte dem Verlag gegenüber der Nachweis der Rechtsinhaberschaft geführt werden, wird das branchenübliche Honorar nachträglich gezahlt.

1. Auflage 2018

Alle Rechte vorbehalten
© W. Kohlhammer GmbH, Stuttgart
Gesamtherstellung: W. Kohlhammer GmbH, Stuttgart

Print:
ISBN 978-3-17-033840-1

E-Book-Formate:
pdf: ISBN 978-3-17-033841-8
epub: ISBN 978-3-17-033842-5
mobi: ISBN 978-3-17-033843-2

Für den Inhalt abgedruckter oder verlinkter Websites ist ausschließlich der jeweilige Betreiber verantwortlich. Die W. Kohlhammer GmbH hat keinen Einfluss auf die verknüpften Seiten und übernimmt hierfür keinerlei Haftung.

Inhaltsverzeichnis

1	**Einleitung: Herausforderung Schulische Inklusion**	**7**
1.1	Schulische Inklusion als persönliche Herausforderung	9
1.2	Schulische Inklusion als inhaltliche Herausforderung	12
1.3	Schulische Inklusion als organisatorisch-strukturelle Herausforderung	14
1.4	Zum Beitrag des vorliegenden Buches	15
2	**Mathematiklernen im Grundschulalter**	**18**
2.1	Zum Verständnis von Mathematiklernen	18
2.2	Die Entwicklung mathematischer Kompetenzen	21
2.3	Die abweichende Entwicklung mathematischer Kompetenzen	27
3	**Zehn Merkmale eines inklusionsförderlichen Mathematikunterrichts**	**36**
3.1	Kompetenzorientierung	39
3.2	Adaptive Lehrkraftlenkung	45
3.3	Förderrelevante Diagnostik	51
3.4	Abstraktionsprozesse unterstützende Darstellungsmittel	57
3.5	Adaptive Sozialformen	61
3.6	Kommunikations- und Feedbackkultur	66
3.7	Strukturiertes Üben	70
3.8	Angemessene Differenzierung	76
3.9	Reagieren auf Lernschwierigkeiten	80

		3.10	Talente fördern	84
		3.11	Zusammenfassung – Ableitung von Handlungsmöglichkeiten	86

4 Inklusives Mathematiklernen nach dem Rügener Inklusionsmodell 93
    4.1 Response to Intervention (RTI) als rahmengebendes Modell einer inklusiven Schule 94
    4.2 Förderebene I: der Mathematikunterricht 102
    4.3 Diagnostik bei Schwierigkeiten im mathematischen Lernprozess 116
    4.4 Förderebene II: der mathematische Förderunterricht 128
    4.5 Förderebene III: die sonderpädagogische Mathematikförderung 132
    4.6 Zusammenfassung 139

5 Fazit 141

Literatur 145

1 Einleitung: Herausforderung Schulische Inklusion

Das Übereinkommen über die Rechte von Menschen mit Behinderungen (Vereinte Nationen, 2006), kurz Behindertenrechtskonvention (BRK), hat in der Bildungspolitik, der Bildungsforschung und auch in der pädagogischen Praxis für hitzige Diskussionen gesorgt. Insbesondere der Artikel 24 stand (und steht) dabei im Mittelpunkt der Debatte. Dort heißt es »Die Vertragsstaaten anerkennen das Recht von Menschen mit Behinderungen auf Bildung. Um dieses Recht ohne Diskriminierung und auf der Grundlage der Chancengleichheit zu verwirklichen, gewährleisten die Vertragsstaaten ein inklusives Bildungssystem auf allen Ebenen«. Mit der Unterzeichnung und der damit verbundenen Anerkennung der BRK als geltendes Recht wird – wie in den anderen Vertragsstaaten auch – in Deutschland ein von Diskriminierung freies Bildungssystem für alle Schülerinnen und Schüler, unabhängig ihrer Beeinträchtigungen, gefordert. Das durch die BRK erklärte Ziel verankert die damit einhergehenden humanitären Grundgedanken noch stärker als bisher im deutschen Bildungssystem. Diese Entwicklung ist zu begrüßen, jedoch wird die *Forderung* nach schulischer Inklusion von Lehrkräften häufig berechtigterweise als anspruchsvolle *Herausforderung* erlebt. Es lassen sich drei Ebenen der Herausforderung für Lehrkräfte unterscheiden: die persönliche, die inhaltliche sowie die strukturelle (▶ Abb. 1). Diese Ebenen werden nachfolgend differenziert betrachtet.

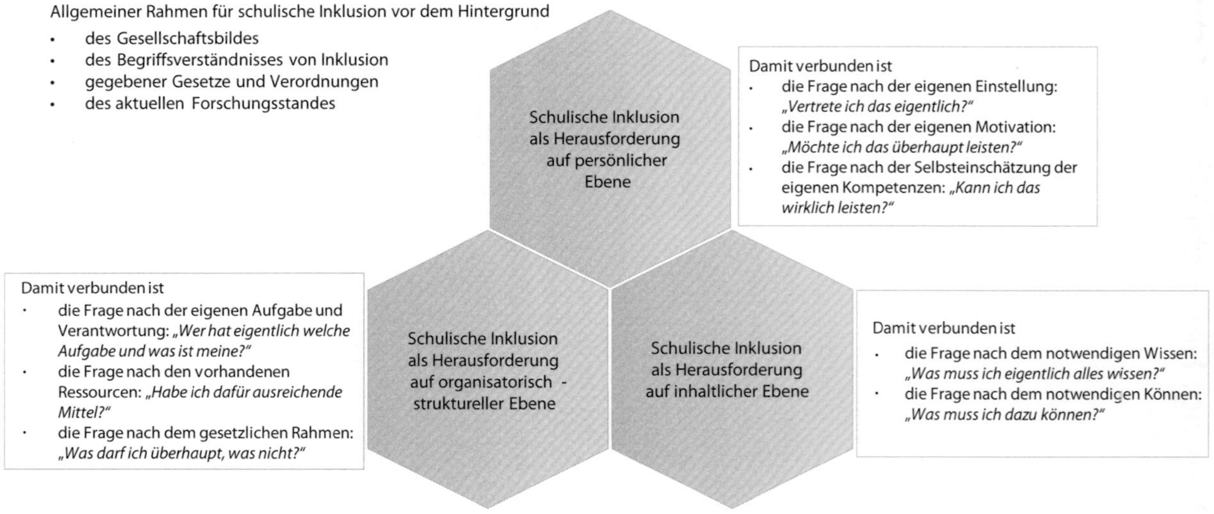

1 Einleitung: Herausforderung Schulische Inklusion

Allgemeiner Rahmen für schulische Inklusion vor dem Hintergrund
- des Gesellschaftsbildes
- des Begriffsverständnisses von Inklusion
- gegebener Gesetze und Verordnungen
- des aktuellen Forschungsstandes

Damit verbunden ist
- die Frage nach der eigenen Einstellung: *„Vertrete ich das eigentlich?"*
- die Frage nach der eigenen Motivation: *„Möchte ich das überhaupt leisten?"*
- die Frage nach der Selbsteinschätzung der eigenen Kompetenzen: *„Kann ich das wirklich leisten?"*

Damit verbunden ist
- die Frage nach dem notwendigen Wissen: *„Was muss ich eigentlich alles wissen?"*
- die Frage nach dem notwendigen Können: *„Was muss ich dazu können?"*

Schulische Inklusion als Herausforderung auf persönlicher Ebene

Schulische Inklusion als Herausforderung auf inhaltlicher Ebene

Schulische Inklusion als Herausforderung auf organisatorisch-struktureller Ebene

Damit verbunden ist
- die Frage nach der eigenen Aufgabe und Verantwortung: *„Wer hat eigentlich welche Aufgabe und was ist meine?"*
- die Frage nach den vorhandenen Ressourcen: *„Habe ich dafür ausreichende Mittel?"*
- die Frage nach dem gesetzlichen Rahmen: *„Was darf ich überhaupt, was nicht?"*

Abb. 1: Die Herausforderung schulischer Inklusion für Lehrpersonen

1.1 Schulische Inklusion als persönliche Herausforderung

»Auf den Lehrer kommt es an« (Lipowsky, 2006). Mit diesem einfachen Aussagesatz lässt sich der Stand der empirischen Bildungsforschung gut zusammenfassen. Schließlich stehen viele der positiven Einflussfaktoren auf das schulische Lernen von Kindern und Jugendlichen, wie die Auswahl gelingender Vermittlungsansätze oder unterstützende Tätigkeiten im Lernprozess, in engem Zusammenhang mit der Lehrperson (Hattie, 2013). Aber auch die Einstellung, die Motivation und das Selbstwirksamkeitserleben werden in engen Zusammenhang mit einer erfolgreichen Lehrperson gebracht (Baumert & Kunter, 2006). Insbesondere diese drei zuletzt genannten Aspekte scheinen auch im Reformprozess schulischer Strukturen hin zu einem inklusiven Bildungssystem eine tragende Rolle zu spielen.

Zur Einstellung von Lehrkräften gegenüber inklusiven Bildungskontexten liegt bereits eine breite empirische Datenbasis vor (Avramides & Norwich, 2010; Bosse & Spörer, 2014; Gebhardt et al., 2011; Hellmich & Görel, 2014; Hellmich, Görel & Schwab, 2016; Leipziger, Tretter & Gebhardt, 2012; Sermier Dessemontet, Benoit & Bless, 2011). Auf dieser Grundlage lässt sich konstatieren, dass eine positive Einstellung gegenüber schulischer Inklusion von Lehrkräften durch

- das Begriffsverständnis von Inklusion,
- deren Thematisierung in der Aus- sowie in der Fortbildung,
- die eigenen Erfahrungen mit Menschen mit Behinderungen bzw. die eigene Berufserfahrung im inklusiven Unterricht,
- den Grad der Behinderung als auch
- eigene Selbstwirksamkeitsüberzeugungen einer Lehrkraft bestimmt wird.

Die persönliche Einstellung und das damit einhergehende Engagement, Inklusion als Innovationsaufgabe anzunehmen, ist auch von der eigenen Überzeugung bezüglich der Umsetzbarkeit abhängig (Hellmich et al.,

2016; Schwarzer & Warner, 2014; Urton, Wilbert & Hennemann, 2015). Diese motivational-volitionalen Faktoren bestimmen insgesamt über die individuelle Innovationsbereitschaft, welche einerseits als Kernkompetenz von Lehrpersonen angesehen wird (KMK, 2004) und andererseits maßgeblich die erfolgreiche Umsetzung in Neuerungsprozessen – wie die Umsetzung schulischer Inklusion – mitbestimmt (Schwarzer & Warner, 2014). Rogers (2003) beschreibt verschiedene Typen von Menschen, die sich hinsichtlich des Zeitpunktes der Beteiligung an Innovationsprozessen unterscheiden (► Abb. 2).

Insbesondere bei umfassenden Neuorientierungsprozessen in Schulen ist die Beteiligung des gesamten Kollegiums von entscheidender Bedeutung. Dabei bleibt zu bedenken, dass der Reformationsprozess hin zu einer inklusiven Schule durchaus als auferlegter Innovationsprozess verstanden werden kann, in welchem sich leicht Widerstände entwickeln können. Diese finden in der Einteilung Rogers (2003) keine Berücksichtigung. Umso bedeutsamer sind das Wirken, die Überzeugungskraft und Ausdauer der »Vorreiterinnen und Vorreiter« und »frühzeitigen Anwenderinnen und Anwender« über eine erste Motivationsphase (Bildung von Handlungsintentionen) hinaus hin zu einer Volitionsphase (Konkretisierung zum aufgabenbezogenen Handeln und Aufrechterhaltung gegenüber Widerständen). Hierbei sind insbesondere Selbstwirksamkeitserwartungen, noch vor den tatsächlichen Fähigkeiten einer Person, von zentraler Bedeutung (Edelstein, 2002; Schwarzer & Warner, 2014). Insofern stellt das Thema Inklusion alle daran Beteiligten vor persönlich zu beantwortende Fragen wie »Welche Einstellung zur Inklusion habe ich?«, »Bin ich bereit, mich für Inklusion in der Schule zu engagieren?« oder »Welche Rolle möchte ich innerhalb des Innovationsprozesses einnehmen?«

1.1 Schulische Inklusion als persönliche Herausforderung

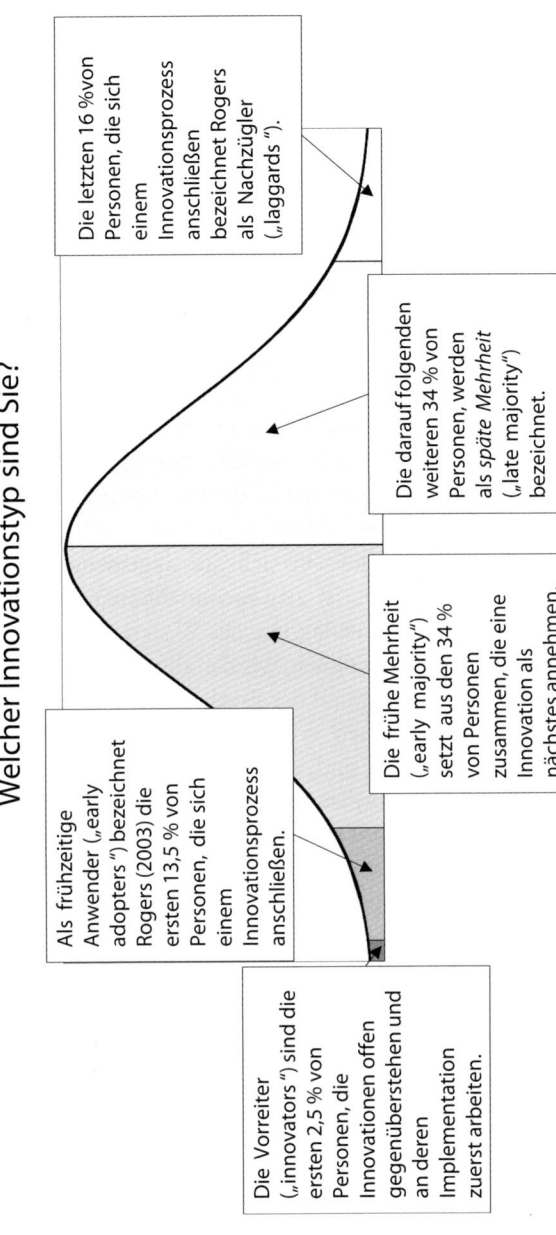

Abb. 2: Unterteilung von Innovationstypen nach Rogers (2003)

1.2 Schulische Inklusion als inhaltliche Herausforderung

Eine weitere wesentliche Voraussetzung für eine erfolgreiche Lehrperson stellt ihr sogenanntes Professionswissen dar (u. a. Baumert & Kunter, 2006; Borowski et al, 2010). Dabei handelt es sich nicht um ein eindimensionales Konstrukt, vielmehr wird eine komplexe Verbindung verschiedener Wissensbereiche sowie -facetten beschrieben. Mit Shulman (1987) hat sich eine Unterteilung des Professionswissens von Lehrkräften in drei Bereiche etabliert: das Fachwissen (content knowledge), das fachdidaktische Wissen (pedagogical content knowledge) und das pädagogische Wissen (pedagogical knowledge). Diese Einteilung spiegelt sich beispielsweise auch in der aktuellen Ausbildung von Lehrkräften wider.

Das *pädagogische Wissen* bezieht sich auf allgemeine Aspekte des Unterrichtens (Shulman, 1987), ist also fachunabhängig bzw. vielmehr fachübergreifend von Nutzen. Pädagogisches Wissen erstreckt sich über verschiedene Wissenschaftsdisziplinen, wie der allgemeinen Didaktik, der empirischen Bildungsforschung und der Psychologie. Neben allgemeinen Theorien, etwa wie sich Lernen vollzieht und welche Faktoren eher lernhinderlich oder -förderlich sind, spielen hierbei vor allem Prinzipien der Unterrichts- und Klassenorganisation eine zentrale Rolle (Emmer & Stough, 2001; Helmke, 2017). Effektives Classroom Management führt zu einem insgesamt störungsärmeren Unterricht (Evertson & Weinstein, 2006) und trägt somit dazu bei, die zur Verfügung stehende Lernzeit effektiv zu nutzen. Dadurch wird ein effektiver wie auch effizienter Lehr-Lern-Prozess ermöglicht (Helmke, 2017). Aktuelle Ausführungen zum pädagogischen Wissen schließen darüber hinaus weitere Elemente ein, z. B. Beratungs- und diagnostisches Wissen oder explizite Kenntnisse zum Umgang mit Heterogenität (Baumert & Kunter, 2006; Voss, Kunina-Habenicht, Hoehne & Kunter, 2015).

Fachwissen bezieht sich immer auf einen bestimmten Lernbereich bzw. -gegenstand und stellt somit eine Grundvoraussetzung für erfolgreichen fachbezogenen Unterricht dar (Ball, Hill & Bass, 2005; Shulman, 1987).

1.2 Schulische Inklusion als inhaltliche Herausforderung

Für das Fach Mathematik nennen Baumert und Kunter (2006) »akademisches Forschungswissen, ein profundes mathematisches Verständnis der in der Schule unterrichteten Sachverhalte, Beherrschung des Schulstoffes auf einem zum Ende der Schulzeit erreichten Niveau und mathematisches Alltagswissen von Erwachsenen, das auch nach Verlassen der Schule noch präsent ist« (S. 495).

Das *fachdidaktische Wissen* erstreckt sich nach Baumert und Kunter (2006) von der Ebene der im Unterricht gestellten Aufgaben (Aufgabenschwierigkeit, Sequenz der Aufgaben, Voraussetzungen zur Lösung) über die Ebene der Schülervorstellungen (diagnostische Möglichkeiten, typische Fehler und Strategien) bis hin zur Ebene der Veranschaulichung oder Erklärung (verschiedene Zugänge). So ist das fachdidaktische Wissen als Kombination fachlichen und pädagogischen Wissens anzusehen, welche die Grundlage zur Aufbereitung von Lerninhalten in Abhängigkeit unterschiedlicher Lernvoraussetzungen bilden (Shulman, 1987).

Damit professionelles Wissen von Lehrkräften nicht als träges Wissen endet (Gruber, Mandl & Renkl, 2000), muss es Ziel sein, dieses in professionelles *Handeln* zu überführen (Baumert & Kunter, 2006). So stellt Wissen eine notwendige Bedingung für Können dar, jedoch wäre es unzureichend, Können als die bloße Anwendung von Wissen zu beschreiben. Damit professionelle Handlungskompetenz entsteht, bedarf es der »Kontextualisierung dieses Wissens auf besondere Fälle« (Neuweg, 2005, S. 206). Dies verlangt einen Abgleich zwischen dem (allgemeingültigen) Wissen und der konkreten pädagogischen Situation, d. h. es muss gefragt werden: »Ist die Situation S ein Fall, in dem es angemessen ist, die Regel R anzuwenden, und wenn ja, wie?« (Ortmann, 2003, S. 34). Als neue inhaltliche bzw. fachliche Herausforderung führt schulische Inklusion zu Fragen wie »Welches weitere Wissen benötige ich, um inklusiv unterrichten zu können?« und »Welche Handlungskompetenzen muss ich entwickeln?«

1.3 Schulische Inklusion als organisatorisch-strukturelle Herausforderung

Zwar werden durch die BRK die Rechte von Menschen mit Behinderungen in besonderem Maße gestärkt, gleichwohl hat der eingangs in Kapitel 1 aufgeführte kurze Auszug seit Ratifizierung jedoch für Furore im schulischen Arbeitsfeld gesorgt. Dies liegt nicht zuletzt an verschiedenen ungeklärten Fragen, die sich auf die Rahmenbedingungen zur erfolgreichen Implementation eines inklusiven Schulsystems beziehen. Zwar wird den Rahmenbedingungen in empirischen Untersuchungen kein oder lediglich ein geringer Effekt auf das schulische Lernen von Kindern und Jugendlichen beigemessen (Hattie, 2013), jedoch ist unstrittig, dass es für erfolgreichen Unterricht gewisser grundlegender Voraussetzungen bedarf. Diese sind in erster Linie systemisch, d. h. schulpolitisch, im Rahmen von Gesetzen und Verordnungen sowie damit verbundenen Mitteln und Zuweisungen, festgelegt, sodass es unterschiedliche Ressourcen und Regelungen innerhalb einzelner Bundesländer, Schulamtsbereiche und Schulen gibt. In diesem definierten Rahmen ist es dann ein schulorganisatorischer Akt, eine erfolgreiche (inklusive) Schule zu realisieren, der primär von der Schulleitung getragen werden muss, letztlich jedoch auch vom Zutun des gesamten Kollegiums abhängt. Dies verlangt ein großes Engagement aller Beteiligten, gegebene Mittel, Strukturen und Ressourcen durch zielgerichtetes Planen, Handeln und Kooperieren effizient zu nutzen. In diesem Zusammenhang sind Verantwortungsbereiche und Aufgaben zu definieren und festzuschreiben. Fragen, die in diesem Zusammenhang zu klären sind, lauten beispielsweise »Welche (neuen) Aufgaben müssen eigentlich übernommen werden?«, »Mit welchen Mitteln können diese Aufgaben eigentlich umgesetzt werden und wo bzw. wie können ggf. zusätzlich notwendige Ressourcen bereitgestellt werden?« oder »Wie fällt der gesetzliche Rahmen aus, in dem sich alle Beteiligten bewegen?«

1.4 Zum Beitrag des vorliegenden Buches

Die zuvor genannten Aspekte verdeutlichen, wie bedeutsam jede Lehrperson für eine gelingende Gestaltung schulischer Inklusion ist. Sie muss als wesentlicher Teil des Reformationsprozesses verstanden werden. In diesem Sinne bedarf es zur gelingenden Realisierung schulischer Inklusion einer Lehrkraft, die

- dem Konzept der Inklusion in Schule und Gesellschaft und der Verantwortungsübernahme für alle Kinder einer Klasse, unabhängig von individuellen Hintergründen und Dispositionen, positiv gegenübersteht,
- über ein breites wie auch durchdringungstiefes Wissen hinsichtlich allgemeinpädagogischer, aber auch fachlicher und fachdidaktischer Aspekte verfügt und dies auch im schulischen Alltag anwenden kann,
- auf beraterisches und diagnostisches Know-how zurückgreifen kann sowie auf Wissen zum Umgang mit Heterogenität,
- hochmotiviert und engagiert ihren Lehrberuf ausführt und
- innovationsoffen (aber kritisch reflektiert) und initiativ in Neuerungsprozessen ist.

Dies sind notwendige, jedoch nicht hinreichende Voraussetzungen erfolgreicher schulischer Inklusion. Geht es um den Umgang mit einer gesteigerten Heterogenität in der Klasse – und damit im Einklang mit der BRK insbesondere auch um die individuelle Förderung von Kindern mit ungünstigen Lernvoraussetzungen –, ist neben den zuvor genannten Aspekten insbesondere auch sonderpädagogischer Sachverstand notwendig. Dieser ist vor allem durch förderrelevantes Wissen gekennzeichnet, welches präventive mit interventiven Gesichtspunkten kombiniert. Neben einem universellen Wissen über Entwicklungsprozesse, zentrale Meilensteine in der Entwicklung, Einflussfaktoren auf das Lernen und Maßnahmen für einen guten Unterricht ergänzen hier fachliche Kenntnisse über Art und Ausmaß verschiedener Störungen, deren Ursachen und spezifische Handlungsmöglichkeiten die pädagogische Expertise (Hartke & Diehl, 2013).

1 Einleitung: Herausforderung Schulische Inklusion

Mit dem hier vorliegenden Buch werden Möglichkeiten aufgezeigt, wie einem Teil der Herausforderungen einer inklusiven Schule begegnet werden kann. In erster Linie dient dieses Buch dabei der Wissensvermittlung bzw. -erweiterung (inhaltliche Ebene der Herausforderung, ▶ Kap. 1.2). Allgemeinpädagogische und fachdidaktische Aspekte werden um spezifische sonderpädagogische Gesichtspunkte ergänzt. Damit verbunden ist die Chance, zur positiven Einstellungsänderung gegenüber der Umsetzung beizutragen, denn: Wer über spezifisches Hintergrundwissen zu Problematiken im schulischen Lernprozess verfügt und zudem mögliche Handlungsansätze kennt, wird der Herausforderung schulischer Inklusion mit großer Wahrscheinlichkeit offener gegenüberstehen (persönliche Ebene der Herausforderung, ▶ Kap. 1.1). Schließlich wird am Beispiel des Rügener Inklusionsmodells, ein praktisch erprobtes Konzept zur präventiven und inklusiven Beschulung in der Grundschule (Hartke, 2017; Mahlau et al., 2014; Voß et al., 2016), praxisnah illustriert, wie der organisatorisch-strukturellen Ebene der Herausforderung (▶ Kap. 1.3) durch festgelegte Strukturen, Verantwortungsbereiche und Handlungsabläufe in der inklusiven Schule begegnet werden kann.

Das Buch ist deshalb wie folgt aufgebaut:

- Kapitel 2 thematisiert das mathematische Lernen in der Grundschule. Zunächst wird aufgezeigt, wie sich mathematisches Denken und Können von Kindern entwickelt und welche Hürden in diesem Prozess auftreten können (▶ Kap. 2.1 und ▶ Kap. 2.2). In diesem Zusammenhang wird auch auf das Phänomen der Rechenschwäche eingegangen (▶ Kap. 2.3) und herausgearbeitet, dass rechenschwache Kinder ähnliche Lernprozesse wie alle Kinder durchlaufen, nur eben etwas langsamer. Der vermehrte Unterstützungsbedarf wird dabei konkretisiert.
- Im Kapitel 3 werden zehn zentrale Merkmale postuliert und argumentativ vertreten, die einen hochwertigen und inklusionsförderlichen Mathematikunterricht kennzeichnen. Die Merkmale sind als fachspezifische Ergänzung bestehender Forschungsbefunde guten Unterrichts zu verstehen und dienen sowohl der Prävention als auch der Intervention bei mathematischen Lernschwierigkeiten. Im zusammenfassenden Kapitel 3.11 werden konkrete Handlungsempfehlungen aus den in den vorherigen Abschnitten dargestellten theoretischen Überlegungen ab-

1.4 Zum Beitrag des vorliegenden Buches

geleitet und Bezüge zu den in Band 1 der Reihe »Handlungsmöglichkeiten Schulische Inklusion« (Hartke, 2017) beschriebenen Handlungsmöglichkeiten hergestellt.
- Im Kapitel 4 wird eine Möglichkeit zur Umsetzung eines inklusiven Grundschulmathematikunterrichts geschildert. Dabei wird auf langjährige Erfahrungen bei der Konzeption und Evaluation des Rügener Inklusionsmodells zurückgegriffen. Es basiert auf dem US-amerikanischen Response-to-Intervention-Ansatz (RTI), der als ein tragfähiges Konzept angesehen werden kann, auch in Deutschland schulische Inklusion zu realisieren. Dieses Konzept wird einleitend in Kapitel 4.1 vorgestellt. Bereits an dieser Stelle sei darauf hingewiesen, dass RTI lediglich ein Rahmengerüst für die Umsetzung einer inklusiven Schule darstellt, das sich durch die Kernelemente Mehrebenenprävention, datenbasierte Förderentscheidungen und evidenzbasierte Praxis auszeichnet. Wie diese Kernelemente inhaltlich gefüllt werden und wie sie ineinandergreifen, ist nicht konkret festgelegt, sondern obliegt einer individuellen Ausgestaltung. Somit werden durch die Schilderung des RTI-Ansatzes als Gesamtkonzept zunächst organisatorisch-strukturelle Aspekte benannt, welche in den Abschnitten 4.2 bis 4.5 durch inhaltliche Gesichtspunkte, bezogen auf das Fach Mathematik, exemplarisch konkretisiert werden.

2 Mathematiklernen im Grundschulalter

2.1 Zum Verständnis von Mathematiklernen

Der Frage, wie Menschen lernen, wird seit jeher nachgegangen. Dementsprechend wurden dazu im Laufe der Zeit verschiedene Theorien entwickelt. Es soll an dieser Stelle nicht um eine umfassende Diskussion der verschiedenen Ansätze gehen, vielmehr ist es Ziel dieses Abschnitts, das gegenwärtige Verständnis des Lernens mathematischer Konzepte aufzuzeigen, da sich daraus wichtige Implikationen für die in diesem Buch dargestellten Überlegungen zur Gestaltung eines inklusiven Mathematikunterrichts in der Grundschule ergeben.

Das Mathematiklernen unterliegt einer grundsätzlichen Schwierigkeit. Entgegen den Gegenständen anderer Naturwissenschaften kann man mathematische Begriffe nicht sehen oder anfassen, ein Zugang muss daher mithilfe von Zeichen, Symbolen, Wörtern oder schematischen Darstellungen geschaffen werden (Duval, 2000). Es stellt sich somit die Frage, wie derart abstrakte Begriffe und Konzepte »in den Kopf gelangen«. »Heute besteht weitgehend Einigkeit darüber, dass Lernen ein aktiver und konstruktiver Prozess ist, der im Wesentlichen vom Kind bzw. vom Lernenden selbst vollzogen werden muss« (Hasemann & Gasteiger, 2014, S. 63). Dem aktuellen Verständnis vom Lernen liegen also kognitivistisch-konstruktivistische Grundannahmen zugrunde (Reusser, 2006), welche die Rolle der Lernenden und ihre Eigenaktivität betonen (Reiss & Hammer, 2013). Auf die Mathematik bezogen formuliert Fischbein: »Mathematik lernen heißt Mathematik konstruieren« (1990, S. 7).

Neue Inhalte werden für Lernende verfügbar, indem sie an bestehende geknüpft werden. Lernen ist also eine »Verfeinerung früheren Wissens«

2.1 Zum Verständnis von Mathematiklernen

(Bruner, 1970, S. 57). So entsteht im Laufe der Zeit ein immer komplexer werdendes Gefüge von Wissensstrukturen, oftmals als Wissensnetz bezeichnet und modelliert. Diese Metapher eines Netzes kann hilfreich für das Verständnis der Organisation von Wissensstrukturen im Gedächtnis sein. Bereits verinnerlichte Begriffe sowie damit assoziierte Beispiele, Bilder oder Situationen bilden die Knoten des Netzes, die Maschen charakterisieren die Beziehungen, in denen diese Begriffe, Beispiele, Bilder oder Situationen zueinanderstehen. Die nachfolgende Abbildung 3 kennzeichnet ein solches hypothetisches Wissensnetz am Beispiel der Zahl 3.

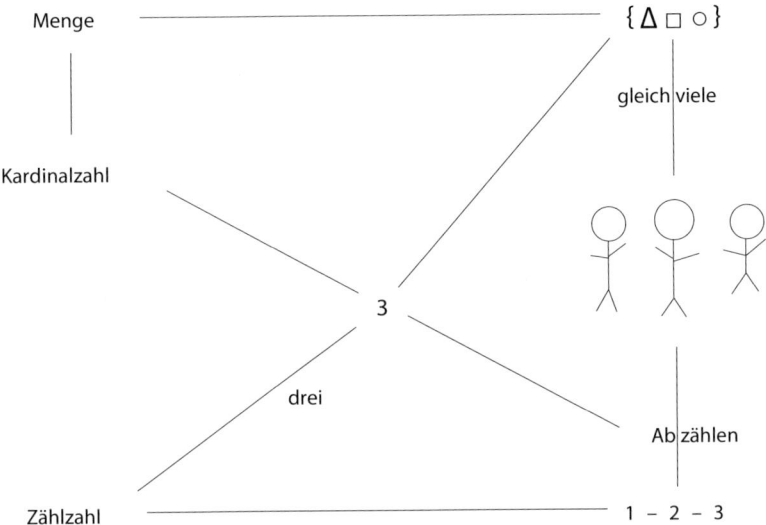

Abb. 3: Hypothetisches Wissensnetz zur Zahl 3 (in Anlehnung an Hasemann & Gasteiger, 2014, S. 64)

In diesem Modell ist Lernen als Vernetzung skizziert. Damit ein neuer Begriff verstanden wird, muss der Sachverhalt mit dem bestehenden Wissensnetz verknüpft werden. Der Wissenserwerb verläuft dann kumulativ (Shuell, 1986). Kumulativ meint weder additiv noch linear, der Begriff sollte vielmehr interpretiert werden als »"strukturiertes Anhäufen'« (Hasemann & Gasteiger, 2014, S. 65), das »im Laufe der Schulzeit ein

19

immer tiefer gehendes Verständnis von mathematischen Inhalten und Methoden erzeugt« (Reiss & Hammer, 2013, S. 68). Daraus ergibt sich im Umkehrschluss: Passt ein Begriff oder Sachverhalt, mit dem ein Mensch konfrontiert wird, nicht zu den bereits vorhandenen Wissensstrukturen, kann dieser nur schwer (oder gar nicht) in bestehende Strukturen integriert werden. Übertragen auf den Unterricht folgt daraus, dass bei der Einführung neuer Inhalte das Vorhandensein des für die Verknüpfung notwendigen Vorwissens sichergestellt werden muss.

Ein konstruktivistisches Verständnis des Lernens legt nahe, dass jedes Kind sein eigenes Wissensnetz knüpfen muss. »Darum ist Begriffsbildung auch ganz und gar die Sache des Begriffsbildners. Niemand kann ihm diese Aufgabe abnehmen« (Aebli, 1981, S. 99). Zwar muss die Lernanstrengung von jedem Kind selbst geleistet werden, Wissen ist also nicht übertragbar, allerdings sollte dies nicht in dem Sinne missverstanden werden, dass Lernen kein sozialer Prozess sei. Im Gegenteil: Lernen erfolgt oft erst durch einen Austausch mit anderen in Gesprächen und Diskussionen, in denen Lernende gedankliche Anregungen erhalten. In diesem Verständnis ist soziales Lernen ein Prozess der Ko-Konstruktion (Reusser, 2006). Im Elementarbereich wird diesem Ansatz besondere Bedeutung beigemessen (van Oers, 2004).

Was folgt nun aus den Erkenntnissen zum Mathematiklernen? »Gestaltet man Unterricht vor diesem Hintergrund, so kann es nicht darum gehen, Wissen allein zu vermitteln oder zu lehren, sondern viel eher darum, Lerngelegenheiten zu schaffen, die den Lernenden ermöglichen, auf der Basis ihres Vorwissens neues Wissen zu konstruieren« (Hasemann & Gasteiger, 2014, S. 65). Dürfen Lehrkräfte also nicht mehr »unterrichten«, weil sich das Kind letztlich doch selbst »bilden« muss? Diese Lehre aus den aufgeführten Modellvorstellungen zu ziehen, wäre ein fataler Fehlschluss. Lernimpulse, beispielsweise als herausfordernd empfundene Problemstellungen, aber auch präzise formulierte Fragen und Aufforderungen, werden benötigt, um Nachdenken, Probieren, Erforschen und einen Austausch der Kinder untereinander anzuregen. Die Methode der direkten Instruktion (▶ Merkmal »Reagieren auf Lernschwierigkeiten« in Kap. 3.9), bei der der Lernprozess stark von der Lehrkraft gelenkt wird, gilt in Bezug auf klar abgrenzbare akademische Lernziele sogar als hoch effektiv (Hattie, 2013). Wichtig ist also eine ausgewogene Balance zwischen Instruktion und Konstruktion (Presmeg, 2014; ▶ Merkmal »Adaptive Lehrkraftlenkung« in Kap. 3.2). Reusser (2006) fasst den Akt des Lernens treffend zusammen: »Alle Konstruktionsschritte bei der begrifflichen Organisation von Erfahrungen müssen von den Lernenden – auf angebotenen oder selbst gefundenen Wegen – individuell und in sozialen Bezügen selbst vollzogen werden« (S. 154). Die verantwortungsvollste, vielleicht auch schwierigste Aufgabe für die Lehrkraft besteht darin, die Lernstände der Kinder im Blick zu behalten, um darauf aufbauend adäquate Lern- und Unterstützungsangebote für die individuellen Konstruktionsprozesse der Schülerinnen und Schüler abzuleiten.

Das Kapitel 2.1 führte überblicksartig und idealtypisch in die (allgemeine) Theorie des Lernens ein, wie sie in aktuellen mathematikdidaktischen Ansätzen und Konzepten vertreten wird. So rezepthaft und komplexitätsreduziert wie hier dargestellt, sind Lernprozesse und die didaktische Theorie im Allgemeinen jedoch nicht. Reich (2012, S. 194) gesteht ein: »Methodisch hat bisher keine Lerntheorie alle Lernvorgänge hinreichend erklären oder verständlich machen können«. Dennoch werden die dargelegten konstruktivistischen Annahmen für den Erwerb mathematischer Kompetenzen keineswegs (grundlegend) infrage gestellt (Krauthausen & Scherer, 2007).

2.2 Die Entwicklung mathematischer Kompetenzen

Mathematische Kompetenzen entwickeln sich im Grundschulalter nicht einfach von selbst, sondern bedürfen der gezielten Entwicklung durch pädagogische Handlungen (Simon & Grünke, 2010). Schulisches mathematisches Lernen muss als ein dynamischer Prozess verstanden werden, der sich im Laufe der Zeit in Abhängigkeit von einer Vielzahl Einflussfaktoren und Wechselwirkungen unterschiedlich entwickelt. Dieses multifaktorielle Bedingungsgefüge wird von verschiedenen Wissenschaftsdisziplinen, insbesondere der Entwicklungs-, Neuro- und Kognitionspsychologie, untersucht (zusammenfassend Kuhn, 2017).

Die Entwicklungspsychologie liefert dahingehend Hinweise, wie Lehrkräfte ihre Schülerinnen und Schüler in Unterricht und Förderung gezielt unterstützen können: Aus entwicklungspsychologischer Perspektive ist das erfolgreiche Rechnenlernen durch das Erreichen von systematisch aufeinander aufbauenden Kompetenzstufen gekennzeichnet (Fritz, Ricken & Gerlach, 2007; Krajewski & Schneider, 2006). Mit jeder Stufe sind zentrale mathematische Einsichten und Konzepte verbunden, zu denen Kinder im Laufe der Zeit gelangen sollen. In folgendem Exkurs (▶ Infobox 1) wird das Entwicklungsmodell früher mathematischer Kompetenzen von Fritz et al. (2007) erläutert.

Infobox 1: Entwicklungsmodell früher mathematischer Kompetenzen nach Fritz et al. (2007)

Fritz et al. beschreiben den mathematischen Lernprozess in ihrem Entwicklungsmodell früher mathematischer Kompetenzen in fünf Entwicklungsniveaus, welche hier grob beschrieben werden. Eine ausführliche Darstellung ist bei Fritz et al. (2007) bzw. Fritz und Ricken (2009) zu finden.

Kinder erkennen auf der Niveaustufe 1 noch nicht den numerischen Zusammenhang zwischen Zahlen und Mengen. Zwar erlernen sie die Zahlwortreihe, allerdings werden die Zahlen zunächst nur als Reihung von Wörtern verstanden. Erst nach und nach werden die Zahlen als Zähl- und Anzahlen erkannt. In einer nächsten Phase, der Niveaustufe 2, verfügen Kinder über differenziertes Wissen hinsichtlich der Ordnung von Zahlen. Die Abfolge der Zahlen wird gedanklich als mentaler Zahlenstrahl repräsentiert. Anhand einer solchen Zahlenstrahlvorstellung ist eine Feststellung von Vorgänger- und Nachfolgerzahlen möglich, was als Voraussetzung für das Verständnis für die Kardinalität der Zahlen gilt. Dieses erreichen Kinder auf Niveaustufe 3. Sie verstehen nun, dass Zahlen für Anzahlen mit einer bestimmten Mächtigkeit stehen und dass entsprechend die letzte Zahl beim Abzählen von jeglichen Elementen die Mächtigkeit der Menge angibt.

2.2 Die Entwicklung mathematischer Kompetenzen

Die Reihenfolge und die Repräsentationsform der auszuzählenden Elemente sind davon unabhängig. Ein Vergleich zweier Zahlen erfolgt demnach nicht mehr aufgrund der festen Rangfolge in der Zahlwortreihe, sondern durch das Vergleichen der Mächtigkeit der mit diesen Zahlen verbundenen Mengen. Die Differenz zwischen den zu vergleichenden Zahlen kann jedoch auf dieser Stufe noch nicht exakt von den Kindern angegeben werden. Parallel entwickeln die Kinder auf Niveaustufe 3 ein Verständnis für die Zerlegbarkeit von Mengen. Damit ist die Einsicht verbunden, dass Teilmengen zu einer Gesamtmenge zusammengefasst bzw. dass aus einer Gesamtmenge Teilmengen generiert werden können. Diese dient als Grundlage für spätere Additions- und Subtraktionsrechnungen. Auf der Niveaustufe 4 gelangen Kinder zu dem Verständnis, dass auch Zahlen (Anzahlen) in Teile zerlegt bzw. zu einer Gesamtheit zusammengefügt werden können. Dadurch wird die Erkenntnis ermöglicht, dass Zahlen andere Zahlen beinhalten. In Kombination mit dem Wissen über den ordinalen Zahlenstrahl verfügen Kinder auf dieser Stufe über das Verständnis der Zahlenfolge als Reihung von Elementen, deren Mächtigkeit sich bei jedem Schritt um genau 1 erhöht bzw. verringert. Auf Grundlage der in den Stufen zuvor erworbenen Einsichten sind Kinder auf Niveaustufe 5 in der Lage, exakte Beziehungen (Differenzen) zwischen Mengen unterschiedlicher Größe zu bestimmen. Sie verstehen somit auf dieser Niveaustufe, dass Zahlen auch Relationen zwischen anderen Zahlen darstellen (relationaler Zahlbegriff). Damit geht die Erkenntnis einher, »dass mit einer Zahl auch ein Abschnitt auf dem Zahlenstrahl bezeichnet wird, sodass z. B. die Zahl 5 sowohl für den Abschnitt 1-2-3-4-5 als auch für den Abschnitt 4-5-6-7-8 stehen kann« (Fritz et al., 2007, S. 11).

Das Entwicklungsmodell von Fritz et al. (2007) berücksichtigt, dass Kinder sich bezüglich ihrer mathematischen Kompetenzen, je nach Zahlenraum, auf verschiedenen Niveaustufen befinden können. So kann sich ein Kind z. B. bezüglich einstelliger Zahlen schon auf dem Niveau der Stufe 4 bewegen, bezüglich zweistelliger Zahlen jedoch erst über Einsichten unterer Niveaus verfügen. Nicht eindeutig geklärt ist hingegen die Altersspanne, für die das Modell Gültigkeit besitzt. Zwar fokussiert es eher auf den vorschulischen Bereich (Stufe 1–3) und auf den mathematischen Anfangsunterricht (Stufe 4–5), Untersuchungen von Resnick (1989) und Stern (1994, 1998) zeigen hingegen, dass Fähigkeiten entsprechend der Stufe 5 bei zahlreichen Kindern im Alter von acht bzw. neun Jahren noch nicht voll ausgebildet sind.

Fritz et al. (2007) beschreiben in ihrem Modell die Entwicklung mathematischer Basiskompetenzen, die für alle weiteren arithmetischen Lernprozesse in der Grundschulzeit grundlegend sind. Die Autorinnen modellieren entwicklungsorientiert diejenigen Einsichten, über die jedes Kind verfügen muss, um im Mathematikunterricht erfolgreich lernen zu können. Durch die empirische Bestätigung der Stufen des Modells (Ricken, Fritz & Balzer, 2011) ergibt sich eine wegweisende Konsequenz: Die Stufen müssen nacheinander durchlaufen werden. Ein Kind, das die Einsichten von Stufe 3 noch nicht vollständig erworben hat, wird in einem Mathematikunterricht wenig erfolgreich sein, in dem addiert und subtrahiert wird. Auf der Basis des Entwicklungsmodells ist es innerhalb des Anfangsunterrichts möglich, die »Zone der nächsten Entwicklung« (Wygotski, 1987, S. 83) zu beschreiben, d. h., Aussagen darüber zu treffen, welche Entwicklungsaufgaben und Lernziele es als Nächstes zu erreichen gilt. In der Regel haben Schülerinnen und Schüler die letzte Stufe des Modells innerhalb des zweiten Schuljahres erreicht.

Während es für den Anfangsunterricht noch gut gelingt, eine für alle Schülerinnen und Schüler valide Hierarchie der Entwicklungsschritte zu modellieren, die nacheinander durchlaufen werden muss, ist dies für die Zeit danach aufgrund der stark ansteigenden Komplexität des Faches Mathematik nicht mehr möglich. Der Kompetenzerwerb ab der zweiten Klassenstufe ist stark durch mathematikdidaktische Überlegungen gekennzeichnet. Vereinfacht formuliert lernen Kinder nun das (oder auch nicht), was im Unterricht behandelt wird, in der Reihenfolge, wie es durch die Lehrkraft bzw. das Lehrwerk vorgegeben wird. Die Lerninhalte werden durch Rahmenpläne festgelegt, welche sich an länderübergreifenden Bildungsstandards (KMK, 2005; eine Erläuterung der Standards erfolgt in Kap. 3.1) orientieren. Zwar bestehen zwischen den Bildungszielen der Länder geringfügige Unterschiede und Akzentverschiebungen, Grundsätzliches ist jedoch gleich. So werden im Mathematikunterricht der Grundschule in Übereinstimmung mit der einschlägigen didaktischen

2.2 Die Entwicklung mathematischer Kompetenzen

Fachliteratur Inhalte aus den vier Kompetenzbereichen Arithmetik (»Zahlen und Operationen«), Sachrechnen (»Größen und Messen«), Geometrie (»Raum und Form«) sowie Stochastik (»Daten, Häufigkeit und Wahrscheinlichkeit«) behandelt. Käpnick (2014, S. 13 f.) listet die Hauptinhalte des Mathematikunterrichts in der Grundschule auf der Basis der gegenwärtigen Lehrpläne im Sinne von grundlegend zu erwerbenden Kompetenzen überblicksartig auf. Seine Aufstellung wird in nachfolgender Infobox 2 wiedergegeben.

Infobox 2: Hauptinhalte des Mathematikunterrichts in der Grundschule (nach Käpnick, 2014, S. 13 f.)

Zahlen und Operationen	Raum und Form
• Zahldarstellungen und -bezeichnungen • Zahlvorstellungen • Operationsvorstellungen • Kopfrechnen • halbschriftliches und schriftliches Rechnen • Überschlagsrechnen • Nutzen von Zahlbeziehungen und Rechengesetzen • flexibles Rechnen • Rechnen in Kontexten	• räumliches Vorstellungsvermögen • Benennen und vielfältiges Darstellen geometrischer Figuren • Erkennen, Benennen und Darstellen einfacher geometrischer Abbildungen • Vergleichen und Messen von Flächen- und Rauminhalten • Lösen von Sachaufgaben mit geometrischen Mitteln
Größen und Messe	Daten, Häugkeit und Wahrscheinlichkeit
• Größenvorstellungen • Messen und Schätzen von Größen • im Alltag häufig gebrauchte Größeneinheiten • Umgang mit Größen in Sachzusammenhängen • Modellieren von Sachsituationen	• Erfassen, Darstellen und Interpretieren von Daten • Vergleichen und Interpretieren von Wahrscheinlichkeiten bei einfachen Zufallsexperimenten

Die Aufstellung von Käpnick (2014) macht deutlich, dass viele der aufgeführten Aspekte bereits in den ersten beiden Schuljahren in kleineren Zahlenräumen bzw. anhand einfacher Aufgabenstellungen behandelt werden. In allen Inhaltsbereichen ist es daher notwendig, bereits im Anfangsunterricht systematisch grundlegende Kompetenzen zu entwickeln. In den höheren Klassenstufen wird dieses Wissen dann sowohl verfeinert und ausdifferenziert als auch ergänzt. So beziehen sich einige Inhalte auf die höheren Kompetenzstufen der Grundschule (z. B. schriftliches oder Überschlagsrechnen). Die meisten Themengebiete der Grundschulmathematik folgen also einer gestuften Logik. Mathematische Kompetenzen werden daher typischerweise über alle Schuljahre hinweg spiralförmig entwickelt, d. h. in vorherigen Klassenstufen erworbene Kenntnisse werden in den folgenden Jahren wieder aufgegriffen, erweitert und vertieft.

Zusammenfassend ist festzuhalten: Der mathematische Lernprozess wird durch Entwicklungsmodelle und fachdidaktische Überlegungen beschrieben. Förderung ist dann effektiv, wenn sie genau dort ansetzt, wo das Kind in seinem individuellen Kompetenzentwicklungsprozess steht, und sie inhaltlich auf die nächsten curricularen Lernziele abhebt. Dazu bedarf es einer klaren Vorstellung von hierarchisch geordneten Lernzielabfolgen. Stufenmodelle wie das von Fritz et al. (2007) beschriebene verdeutlichen die Hierarchie des grundlegenden Kompetenzerwerbs, die jedes Kind, wenn auch in individuellem Tempo, relativ geradlinig durchläuft. Der Kompetenzerwerb jenseits entwicklungspsychologischer Modellvorstellungen wird durch fachdidaktische Überlegungen gesteuert. Auch im höheren Grundschulalter sollten mathematische Kompetenzen systematisch entsprechend einer sinnvollen Lernzielabfolge erarbeitet werden. Allerdings herrscht im Detail keine Einigkeit darüber, was »sinnvoll« in diesem Zusammenhang meint. So könnten auch verschiedene Wege bzw. ein in der Reihenfolge unterschiedliches Durchlaufen von Lernprozessen zur angestrebten Kompetenzentwicklung führen.

2.3 Die abweichende Entwicklung mathematischer Kompetenzen

Lernen im Allgemeinen ist ein dynamischer Prozess, der verschiedenen Einflussfaktoren und Wechselwirkungen unterliegt. So entstehen bei jedem Kind individuell unterschiedliche Lernentwicklungen. Die empirische Lehr-Lernforschung hat das Bedingungsgefüge schulischen Lernens in den vergangenen Jahrzehnten umfassend untersucht (zusammenfassend Helmke & Weinert, 1997; Hattie, 2013), sodass heute eine Vielzahl der Determinanten des Schulerfolgs bekannt ist. Die Faktoren mit dem größten Einfluss für schulisches Lernen wurden in Bedingungsmodellen zur Erklärung von Leistungsunterschieden zusammengefasst (u. a. Carroll, 1963; Heller, 1998; Helmke, 2017).

Vor dem Hintergrund dieser multifaktoriellen Perspektive auf schulische Lernprozesse ist auch mathematisches Lernen zu betrachten. Demnach kann nicht der eine, in vielen Fällen gleiche Grund für mathematische Lernschwierigkeiten ausgemacht werden. Dadurch gibt es bis heute auch keine gesicherten, allgemein anerkannten Erkenntnisse darüber, wodurch Mathematikschwierigkeiten genau verursacht werden. »Trotz aller Bemühungen sind bis jetzt […] keine schlüssigen Theorien über Ursachen der ›Rechenschwäche‹ und darauf spezifisch abgestimmte Therapien zu erkennen« (Wittmann, 2015, S. 202). Allerdings konnten Einflussfaktoren gefunden werden, welche die Ausprägung von Schwierigkeiten in Mathematik im Allgemeinen und einer Rechenstörung im klinischen Sinne (▶ Kap. 2.3.1) im Speziellen begünstigen, d. h. es sind Wahrscheinlichkeitsaussagen zu Zusammenhängen, nicht jedoch determinierende Ursachenzuschreibungen möglich (Lambert, 2015). Innerhalb des multifaktoriellen Bedingungsgefüges wird von verschiedenen Wissenschaftsdisziplinen, insbesondere der Entwicklungs-, Neuro- und Kognitionspsychologie (▶ Kap. 2.2), nach spezifischen Wirkfaktoren gesucht. Jacobs und Petermann (2007) haben die auf diese Weise gefundenen Einflussfaktoren mit der größten empirischen Bedeutsamkeit für mathematische Minderleistungen in einem Modell veranschaulicht, das in der nachfolgenden Abbildung 4 wiedergegeben wird.

2 Mathematiklernen im Grundschulalter

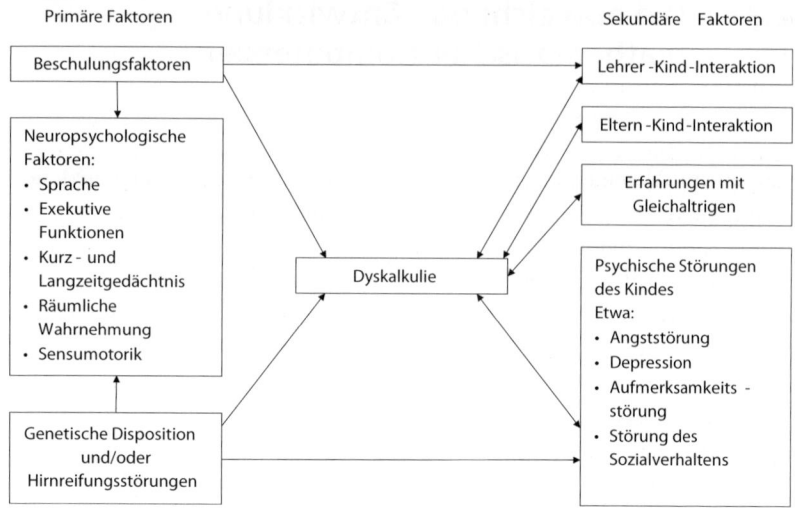

Abb. 4: Mögliche Ursachen einer Dyskalkulie (nach Jacobs & Petermann, 2007, S. 16)

Das Modell von Jacobs und Petermann (2007) kann als grobe Zusammenfassung des Forschungsstandes zu Einflussfaktoren gestörter Mathematiklernprozesse verstanden werden. Demnach entwickelt sich die Rechenproblematik ausgehend von eher primären Faktoren wie Gedächtnis- oder sprachlichen Leistungen bzw. dort vorhandenen Beeinträchtigungen. Durch Wechselwirkungen mit sekundären Faktoren, wie beispielsweise Aufmerksamkeitsdefiziten, kann die Lernschwierigkeit zusätzlich verstärkt werden. Bei vielen Kindern wirken mehrere Risikofaktoren zusammen. Durch die ausbleibenden Lernerfolge kann sich die Interaktion zwischen dem Kind und seinen Lehrkräften, Eltern, Geschwistern sowie Mitschülerinnen und Mitschülern verändern. Beispielsweise können die Eltern mit erhöhtem Druck reagieren, schlimmstenfalls Eltern und Lehrkräfte sowie das Kind selbst resignieren. Misserfolgserlebnisse werden insbesondere auch durch Vergleichsprozesse innerhalb des Klassenverbands wahrgenommen, wodurch Versagensängste beim Kind begünstigt werden. Solche Prozesse und deren potenzierende Wirkung werden in der Literatur als Teufelskreise beschrieben (Betz & Breuninger, 1998).

2.3 Die abweichende Entwicklung mathematischer Kompetenzen

Angesichts der Zielstellung dieses Buches, Möglichkeiten gelingender Inklusion im Mathematikunterricht der Grundschule aufzuzeigen, ist die bisherige Betrachtung des komplexen Ursachengefüges für Schwierigkeiten beim Mathematiklernen hinreichend. Die Erkenntnisse der verschiedenen Wissenschaftsdisziplinen für das Entstehen von Lernschwierigkeiten im mathematischen Bereich sind in zahlreichen Fachbüchern veröffentlicht. Diesbezüglich sei auf die Schriften von Fritz und Ricken (2008), Fritz, Ricken und Schmidt (2017), Jacobs und Petermann (2007, 2012), Lambert (2015), Landerl und Kaufmann (2008), Lenart, Holzer und Schaupp (2003), Simon und Grünke (2010) sowie von Aster und Lorenz (2013) verwiesen.

Nachfolgend soll, der Zielstellung dieses Buches folgend, besonderes Augenmerk auf den Faktor der Beschulung für die Entstehung mathematischer Lernschwierigkeiten gelegt werden (▶ Abb. 4). Hierbei ist zu berücksichtigen, dass viele Kinder grundlegende Einsichten, wie sie beispielsweise in der Infobox 1 dargestellt wurden, nicht erlangen und daher auf niedrigeren Niveaustufen mathematischer Kompetenzen verharren. Aufgrund des kumulativen bzw. spiralcurricularen Aufbaus mathematischer Kompetenzen (▶ Kap. 2.2) können sie auch später mangelnde oder fehlerhafte Vorstellungen nur schwer kompensieren – das Weiterlernen fällt ihnen durch vorhandene Lücken im bisherigen Kompetenzerwerb schwerer und sie kommen über einen längeren Zeitraum im Mathematikunterricht nicht mit –, der Lernrückstand wächst weiter. Diese Sichtweise auf Probleme in der mathematischen Kompetenzentwicklung wird gestützt durch die im vorherigen Abschnitt aufgezeigten entwicklungspsychologischen Erkenntnisse sowie didaktische Argumente. Demnach ergeben sich Schwierigkeiten im Rechnen bzw. im Fach Mathematik häufig aufgrund von nicht bzw. nicht genügend ausgeprägten Einsichten in grundlegende mathematische Konzepte, wodurch ein sicherer Umgang mit Mengen und Zahlen und das Entwickeln effektiver Rechenstrategien erschwert bzw. unmöglich wird. Viele Rechenschwierigkeiten ergeben sich also nicht aus einer grundsätzlichen »Andersartigkeit« im Sinne einer Störung von beispielsweise psychischen Funktionen wie der Wahrnehmung oder des Gedächtnisses. Vielmehr verharren viele rechenschwache Kinder auf niedrigen Kompetenzstufen, erlangen also keine höheren Einsichten und werden erst durch den Vergleich mit den Leistungen

Gleichaltriger auffällig. Zwar ist es ihnen durchaus auch möglich, (einfachere) Rechenaufgaben zu bearbeiten, dies erfolgt jedoch meist durch bloßes Abarbeiten von erlernten Lösungsalgorithmen ohne ein grundlegendes Verständnis von Zahlen und Operationen.

>>*Rechenschwache Kinder sind mit denjenigen Strategien der Informationsverarbeitung, über die sie gegenwärtig verfügen, entwicklungsbedingt und/oder infolge ungünstiger äußerer Einflüsse (didaktischer oder sozial-emotionaler Art) noch nicht bzw. unzureichend in der Lage, sich mathematische Grundlagen wie Zahlvorstellung, Zahlbegriff, Einsicht in das Stellenwertsystem oder Normalverfahren zu den Grundrechnungsarten anzueignen. Sie bedürfen daher einer besonderen Förderung, die über das normale Maß des Unterrichts hinausgeht.*« (Ganser, 2003, S. 229)

Kinder mit Schwierigkeiten beim Rechnenlernen sind häufig beispielsweise dadurch erkennbar, dass sie Aufgaben zählend und (noch) nicht rechnend lösen. Sie arbeiten dadurch langsamer und fehleranfälliger als ihre Klassenkameradinnen und -kameraden und erzielen folglich auch schlechtere Ergebnisse im Unterricht. Das hat ausbleibende Lernerfolge sowie Frustrationen zur Folge, früher oder später verlieren die Kinder den Anschluss. Die Lücken bzw. Rückstände im arithmetischen Bereich wirken sich auch auf andere Inhaltsbereiche der Grundschulmathematik aus. Ohne einen weitreichend entwickelten Zahlbegriff sowie ein klares Operationsverständnis sind Schwierigkeiten bei Sachaufgaben, beim Umgang mit Größen und Daten sowie auch bei einigen geometrischen Tätigkeiten sehr wahrscheinlich. Arithmetische Kompetenzen sind als Grundlage bzw. Voraussetzung für den Großteil der weiteren Inhalte der Grundschulmathematik anzusehen.

Die Auffassung, mathematische Minderleistungen als Folge unzureichender vorangegangener Lernprozesse zu erklären, wird gestützt durch die Ergebnisse einschlägiger Längsschnittstudien. Aus diesen geht hervor, dass der Entwicklungsverlauf mathematischer Kompetenzen relativ stabil ist (u. a. Aunola, Leskinen, Lekkanen & Nurmi, 2004; Krajewski & Schneider, 2006; Hasselhorn, Roick & Gölitz, 2005; Weißhaupt, Peucker & Wirtz, 2006; Shalev, Manor & Gross-Tsur, 2005). Kinder, denen das Rechnenlernen bereits bei Schuleintritt Schwierigkeiten bereitet, werden demzufolge mit hoher Wahrscheinlichkeit im weiteren Verlauf der Grundschulzeit noch größere Probleme in Mathematik bekommen (Aunola et al., 2004; Becker, Lüdtke, Trautwein & Baumert, 2006). Dieses Phänomen wird in der Literatur als Schereneffekt bezeichnet (Becker et al., 2006). Zu erklären ist dieser Effekt mit dem im vorherigen Kapitel 2.2 beschriebenen kumulativen Aufbau mathematischer Kompetenzen: Wissenslücken erschweren nachfolgende Lernprozesse und gefährden so das weitere schulische Lernen (Aunola et al., 2004; Helmke & Weinert, 1997; Lorenz, 2005). Kinder mit einem gering ausgeprägten arithmetischen bzw. bereichsspezifischen Vorwissen entwickeln diesen Befunden zufolge ihre mathematischen Kompetenzen langsamer als ihre Mitschülerinnen und Mitschüler. Im Laufe der Zeit wird der Lernrückstand immer größer. Solchen Schülerinnen und Schülern müssen zusätzlich spezifische Angebote zur Verfügung gestellt werden, welche die Entwicklung im mathematischen Bereich gezielt unterstützen. Derartige Hilfen sollten möglichst frühzeitig einsetzen. Die Hoffnung, dass sich die Schwierigkeiten des Kindes ohne äußeres Zutun »verwachsen«, ist unbegründet und unbedingt aufzugeben.

2.3.1 Begriffsklärung: Rechenschwäche, Rechenstörung, Dyskalkulie

Schwierigkeiten beim Rechnen- bzw. mathematischen Lernen gehören für viele Schülerinnen und Schüler (und deren Lehrerinnen und Lehrer) zum schulischen Alltag. Allerdings erhält nicht jedes Kind mit schwachen Leistungen in Mathematik die Diagnose »Dyskalkulie« bzw. »Rechenstörung«. Entsprechend bleibt vielen der Zugang zu spezifischen Fördermaßnahmen bzw. Nachteilsausgleichen verwehrt, was bei allen Beteiligten zu Unzufriedenheit führt. Nach den Kriterien der Weltgesundheitsorganisation leidet ein Kind nur dann unter einer Dyskalkulie, wenn seine Beeinträchtigung der Rechenfertigkeiten im Gegensatz sowohl zur allgemeinen Intelligenz als auch zu anderen schulischen Leistungen, z. B. dem Lesen und der Rechtschreibung, steht (sogenanntes Diskrepanzkriterium):

> *»Diese Störung beinhaltet eine umschriebene Beeinträchtigung von Rechenfertigkeiten, die nicht allein durch eine allgemeine Intelligenzminderung oder eine unangemessene Beschulung erklärbar ist. Das Defizit betrifft die Beherrschung grundlegender Rechenfertigkeiten wie Addition, Subtraktion, Multiplikation*

und Division, weniger die höheren mathematischen Fertigkeiten, die für Algebra, Trigonometrie, Geometrie oder Differential- und Integralrechnungen benötigt werden.« (ICD-10, Dilling, Mombour & Schmidt, 2011, S. 338)

Das Verwenden des Diskrepanzkriteriums zur Bestimmung von Kindern mit Rechenschwierigkeiten sowie eine daran gebundene Zuweisung von Fördermaßnahmen wurde in der Fachliteratur aus verschiedenen Gründen kritisiert (u. a. Gaidoschik, 2011; Hartke & Diehl, 2013; Lorenz, 2005; Moser Opitz, 2004; Koch & Knopp, 2010). Zwar ist der Einfluss der Intelligenz auf die Mathematikleistung von Kindern unbestritten (u. a. Helmke & Weinert, 1997), offen bleibt jedoch die Frage, ob sich die Rechenschwierigkeiten der Kinder mit oder ohne Intelligenzminderung bzw. mit oder ohne Lese-Rechtschreib-Schwierigkeiten auch tatsächlich unterschiedlich äußern (Moser Opitz, 2004). Die Forschung hat gezeigt, dass die mathematische Entwicklung bei Kindern mit Schwierigkeiten beim Rechnenlernen, wenn auch verzögert, grundlegend derer unauffällig entwickelter Kinder gleicht (u. a. Brown, Askew, Hodgen, Rhodes & William, 2003). Gaidoschik stellt berechtigterweise die Frage: »Verdient denn ein Kind, das nicht nur im Rechnen, sondern auch beim Lesen Probleme hat, weniger Förderung in Mathematik als jenes, welches dem ›Diskrepanz-Kriterium‹ genügt?« (2011, S. 12). Es ist unverständlich, weshalb Schülerinnen und Schüler mit schwachen Leistungen in Mathematik und einer geringen kognitiven Leistungsfähigkeit nicht spezifisch gefördert werden und/ oder keinen Nachteilsausgleich erhalten – die Förderungschancen stehen schließlich für alle Kinder gut. Lorenz (2005) postuliert diesbezüglich: »Es erscheint hingegen sinnvoller, all jene Kinder in die Förderung aufzunehmen, deren Lernfortschritte, durch welche Gründe auch immer, als unzureichend angesehen werden« (S. 15). Folglich sollten für alle Lernenden, die schwache Leistungen in Mathematik aufweisen, zusätzliche spezifische Unterstützungsangebote zur Verfügung gestellt werden, unabhängig von Ursache und Grad der Schwierigkeiten sowie weiterer kognitiver oder schulischer Leistungen.

Konsequenterweise wird daher im Folgenden auf die Begriffe Rechenschwäche, Rechenstörung, Dyskalkulie bzw. auf synonym verwendete Termini verzichtet (zur Diskussion um Begrifflichkeiten s. u. a. Moser Opitz, 2004; Landerl & Kaufmann, 2008; Lambert, 2015). Zudem haben die Ausführungen in Kapitel 2.2 gezeigt, dass das Fach Mathematik inhaltlich deutlich mehr umfasst als bloßes Rechnen, sodass übliche Begriffe für Lernschwierigkeiten bezogen auf die Ziele und Aspekte des Grundschulmathematikunterrichts deutlich zu kurz greifen. Es erscheint hingegen angemessener, von Mathematikschwierigkeiten, Schwierigkeiten beim Mathematiklernen bzw. mathematischen Lernschwierigkeiten oder mathematikschwachen Kindern (zum aktuellen Zeitpunkt) zu sprechen und deren Leistungsprofile differenziert zu beschreiben.

2.3.2 Prävalenz und Komorbidität von mathematischen Lernschwierigkeiten

Die Frage nach der Häufigkeit von zu behandelnden Schwierigkeiten im Fach Mathematik ist nicht eindeutig zu beantworten. Je nachdem, wie man das Phänomen der Mathematikschwierigkeiten beschreibt (mit oder ohne Diskrepanzkriterium; ▶ Kap. 2.3.1), ergeben sich verschiedene Untersuchungsergebnisse zur Häufigkeit des Auftretens. Zudem muss berücksichtigt werden, dass der Großteil der Prävalenzstudien lediglich Schwierigkeiten beim Umgang mit Zahlen und Operationen erfasst, die weiteren mathematischen Inhaltsbereiche jedoch ausklammert. Daher erscheint es sinnvoll, auch die Ergebnisse einschlägiger Schulleistungsstudien zur Abschätzung der Häufigkeit mathematischer Lernschwierigkeiten zu betrachten.

- Bezieht man sich lediglich auf die Kinder mit schwachen Rechenleistungen bei normaler Intelligenz und normalen Schulleistungen (Diskrepanzkriterium), ist international von etwa 1,3 % (Lewis, Hitch & Walker, 1994) bis 6,6 % (Hein, Bzufka & Neumärker, 2000) aller Kinder auszugehen. Von Aster, Schweiter und Weinhold Zulauf (2007) geben für den deutschsprachigen Raum eine Prävalenz von 4 % bis 7 % für Rechenstörungen im Kindesalter im Sinne der ICD-10 an, Lorenz (2014) geht von einer Prävalenzrate zwischen 5 % und 8 % aus. Dabei wird jedoch eine beachtliche Anzahl an Kindern ausgeschlossen, die Schwierigkeiten beim Rechnen aufweisen, aber nicht dem verwendeten Diskrepanzkriterium entsprechen bzw. Probleme in anderen Bereichen der Schulmathematik haben.

- Wird auf das Diskrepanzkriterium verzichtet, sprechen Forschungsergebnisse definitionsabhängig von einem Anteil rechenschwacher Kinder von etwa 7 % bis 13 % (Jacobs & Petermann, 2007).
- In einer aktuellen Prävalenzstudie mit 2195 Grundschülerinnen und -schülern am Ende der zweiten bzw. am Anfang der dritten Klasse (Fischbach et al., 2013) wurde insgesamt etwa 14 % der untersuchten Kinder eine Minderleistung in Mathematik (sowohl mit als auch ohne Diskrepanz zur Intelligenz) attestiert.
- Die Ergebnisse der großen Vergleichsstudien zeichnen hingegen ein noch drastischeres Bild. Auf Grundlage der PISA-Ergebnisse deutscher Schülerinnen und Schüler der letzten Jahre ist sogar davon auszugehen, dass etwa 17 % bis 21 % aller Jugendlichen deutliche Schwierigkeiten im mathematischen Feld aufweisen (Hammer et al., 2016). Zu einem ähnlichen Ergebnis gelangen die IGLU-Studie (Bos et al., 2003) sowie die TIMS-Studien (Selter, Walter, Walther & Wendt, 2016), nach deren Befunden etwa 20 % der Schülerinnen und Schüler am Ende des vierten Grundschuljahres höchstens über die curricular vorgesehenen Mathematikkenntnisse von Zweitklässlerinnen und Zweitklässlern verfügen. Hasselhorn, Marx und Schneider (2005) gehen gleichermaßen davon aus, dass ca. 20 % aller Viertklässlerinnen und Viertklässler im Fach Mathematik Leistungsrückstände im Umfang von zwei Schuljahren aufweisen.

Zwar deuten die internationalen Vergleichsstudien darauf hin, dass Jungen im Mittel etwas besser rechnen als Mädchen (u. a. PISA; Hammer et al., 2016), verschiedene Autorinnen und Autoren (u. a. Jacobs & Petermann, 2012; Landerl & Kaufmann, 2008) gehen jedoch von einem ausgeglichenen Geschlechterverhältnis in Bezug auf Mathematikschwierigkeiten aus.

Bei vielen Schülerinnen und Schülern treten mathematische Lernschwierigkeiten nicht isoliert auf, sondern in Kombination mit Lese-Rechtschreibschwächen und psychischen Auffälligkeiten. Einen guten Überblick über die Studienlage gibt Lambert (2015).

Überträgt man die hier beschriebenen Häufigkeiten von Mathematikschwierigkeiten auf eine Grundschulklasse mit einer Größe von 25 Schülerinnen und Schülern, muss eine Lehrkraft davon ausgehen, dass

2.3 Die abweichende Entwicklung mathematischer Kompetenzen

immerhin drei bis sechs ihrer Schülerinnen und Schüler deutliche Schwierigkeiten beim Mathematiklernen zeigen und statistisch gesehen mindestens eine Schülerin oder ein Schüler gravierende Probleme im Fach Mathematik hat bzw. noch bekommen wird. Diese Kinder gilt es zu erkennen und spezifisch zu fördern, und das so früh wie möglich!

3 Zehn Merkmale eines inklusionsförderlichen Mathematikunterrichts

Die zehn Merkmale eines guten Unterrichts von Hilbert Meyer (2004) sind einer Vielzahl von Lehrerinnen und Lehrern bekannt. Sie sind nicht nur im Rahmen der universitären Ausbildung angehender Lehrkräfte präsent, sondern auch häufig im Unterricht wiederzufinden. Neben Meyer haben sich auch weitere Autorinnen und Autoren mit Qualitätsmerkmalen des Unterrichts befasst, also mit den Faktoren, die Einfluss auf die Effektivität des Unterrichts haben (u. a. Baumert et al., 2004; Hattie, 2013; Helmke, 2017; Klemm & Preuss-Lausitz, 2011; Lipowsky, 2006). Besonders hervorzuheben sind die Werke von Helmke (2017) und Hattie (2013), die ihre Aussagen mit empirischen Forschungsergebnissen begründen. Resümierend lässt sich hierzu festhalten, dass es eine Vielzahl von Faktoren gibt, die die Qualität des Unterrichts mehr oder weniger stark beeinflussen, im positiven wie auch im negativen Sinn. Immerhin gesellen sich zu den postulierten zehn Qualitätsmerkmalen des Unterrichts von Meyer weitere zehn Kriterien nach Helmke und über 100 untersuchte Einflussfaktoren auf das Lernen nach Hattie. Kurzum: Geht es um guten Unterricht, gibt es vieles zu beachten. Dies ist jeder Praktikerin und jedem Praktiker bekannt. Die Frage dabei ist, welchen der in der Literatur ausgewiesenen Aspekten eine Schlüsselfunktion zukommt. Hierzu lohnt sich der differenzierte Blick in die Werke der angeführten Autoren. Dabei ist festzustellen, dass sich verschiedene der bei Meyer, Helmke und Hattie beschriebenen Merkmale überschneiden. Insofern scheint es sich hierbei um wesentliche Gestaltungsmerkmale eines guten Unterrichts laut fachlichem Konsens zu handeln. Als Beispiele seien hier eine klare Struktur und Zielorientierung des Unterrichts, der adaptive Einsatz verschiedener Methoden und Differenzierungsmöglichkeiten, ein positives Klassenklima und eine vertrauensvolle Beziehung zwischen Lehrenden und Lernenden benannt. All diese Aspekte sind auch im Zusammenhang mit der schulischen Inklusion von ausschlaggebender Bedeutung, geht es doch im Rahmen inklusiver Beschulung um einen effektiven gemeinsamen Unterricht für Schülerinnen und Schüler mit unterschiedlichen Lernvoraussetzungen. In diesem Zusammenhang muss es Anspruch sein, den Unterricht an die Bedürfnisse aller Kinder anzupassen und damit effektiv für alle Schülerinnen und Schüler zu gestalten, um den unterschiedlichen Lernvoraussetzungen bestmöglich gerecht zu werden. Insofern haben die bereits von Meyer (2004), Helmke (2017) und Hattie (2013) herausgearbeiteten Gestaltungsmerkmale eines wirkungsvollen Unterrichts ebenfalls ihren Geltungsanspruch in der inklusiven Schule.

Geht es konkret um den Mathematikunterricht, sind jedoch zudem weitere fachspezifische Gesichtspunkte zu benennen, welche die von Meyer (2004), Helmke (2017) und Hattie (2013) aufgeführten Merkmale guten Unterrichts ergänzen sollten. So ist eine gute Klassenführung mit einer klar strukturierten Unterrichtsorganisation, effektiven Verhaltensregeln und einem auf Wertschätzung basierenden Klassenklima eine notwendige Voraussetzung eines guten Unterrichts im Allgemeinen. Im Fach Mathematik sollte zudem beispielsweise auf eine Unterrichtskultur Wert gelegt werden, die regelmäßige Gespräche über unterschiedliche Herangehensweisen an mathematische Sachverhalte vorsieht oder Toleranz gegenüber unterschiedlichen Lösungswegen bietet. Speziell für die Förderung von Kindern mit Schwierigkeiten im Aneignungsprozess mathematischer Kompetenzen gibt es eine Reihe weiterer empirischer Befunde, die Hinweise darauf geben, welche Aspekte in der pädagogischen Arbeit besonders betonenswert sind (u. a. Dennis et al., 2016; Gersten et al., 2009; Kroesbergen & van Luit, 2003). Diese Studienergebnisse sind besonders interessant, wenn es darum geht, einen hochwertigen Mathematikunterricht in einer heterogenen Lerngruppe zu realisieren.

Anliegen dieses Kapitels ist die Ableitung zentraler mathematikspezifischer Unterrichtsgestaltungsmerkmale aus der einschlägigen Fachliteratur. In Anlehnung an die Publikationen von Meyer (2004), Helmke (2017) und Hattie (2013) und untermauert durch weitere (inter-)nationale Forschungsbefunde werden dazu in den nachfolgenden Abschnitten zehn zentrale Aspekte herausgearbeitet, welche sowohl allgemein einen guten Mathematikunterricht kennzeichnen, als auch Ansätze für den erfolgreichen Umgang mit einer erhöhten Heterogenität der Schülerschaft beschreiben. In ihrer Gesamtheit handelt es sich somit um Merkmale eines *hochwertigen* und *inklusionsförderlichen* Mathematikunterrichts. Die nachfolgend einzeln aufgeführten Kriterien sind insofern als eine Ergänzung der bereits etablierten Auflistungen zu Merkmalen guten Unterrichts im Allgemeinen zu verstehen. Es bleibt anzumerken, dass eine derartige Auflistung nie den Anspruch auf Vollständigkeit erheben kann.

Die im Folgenden beschriebenen Merkmale stehen gleichberechtigt nebeneinander und können wie Puzzleteile gedeutet werden: Wenn alle Teile an der »richtigen« Stelle sind, ergibt sich ein Gesamtbild, in diesem Fall ein guter, inklusionsförderlicher Mathematikunterricht (▶ Abb. 5). Dieses Verständnis von Kriterien guten Mathematikunterrichts erscheint für die Praxis durchaus hilfreich. Es strukturiert die Komplexität und ermöglicht jeder Lehrkraft abzugleichen, ob die aufgeführten Prinzipien in ihrem Unterricht ausreichend berücksichtigt werden und ggf. einzelne Elemente gezielt einzubinden oder anzupassen sind.

Die zehn Merkmale eines inklusionsförderlichen Mathematikunterrichts werden in den nachfolgenden Abschnitten jeweils systematisch ausgeführt und begründet sowie an einem Praxisbeispiel illustriert. Im zusammenfassenden Kapitel 3.11 werden konkrete Handlungsempfehlungen aus diesen Merkmalen abgeleitet.

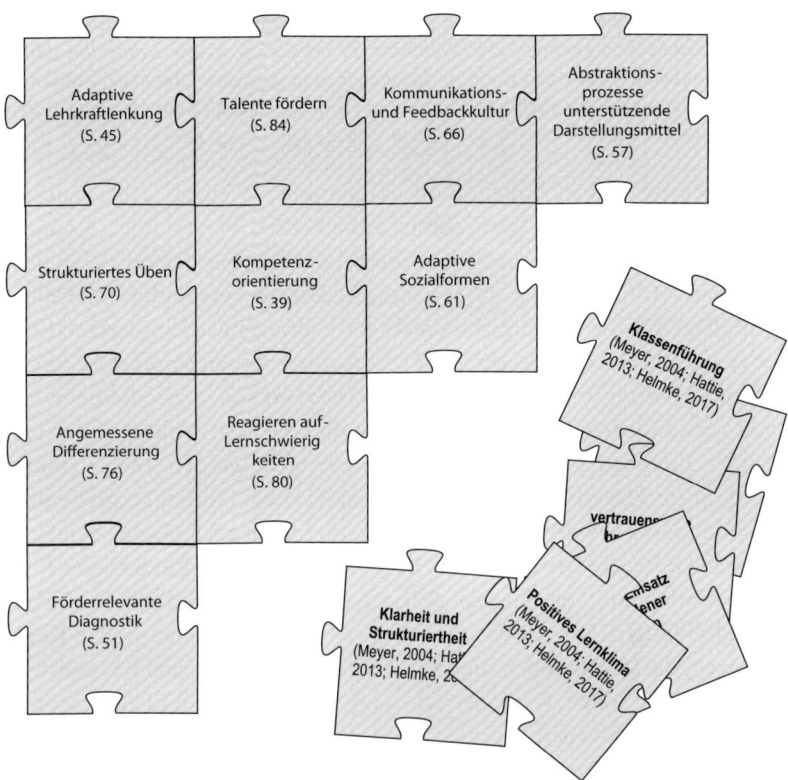

Abb. 5: Zehn Merkmale eines inklusionsförderlichen Mathematikunterrichts

3.1 Kompetenzorientierung

Im Zusammenhang mit der Fragestellung, was Schülerinnen und Schüler bis zu einem Abschluss lernen sollen, trat der Begriff der Kompetenz in den Fokus pädagogischer Überlegungen (Klieme et al., 2007). Kompetenzen sind nach Weinert (2001)

> *»die bei Individuen verfügbaren oder durch sie erlernbaren kognitiven Fähigkeiten und Fertigkeiten, um bestimmte Probleme zu lösen, sowie die damit verbundenen motivationalen, volitionalen und sozialen Bereitschaften und Fähigkeiten, um die Problemlösungen in variablen Situationen erfolgreich und verantwortungsvoll nutzen zu können.«* (S. 27 f.)

Die Kompetenz eines Individuums umfasst nach Weinert (2001) zusammenwirkende Aspekte wie Wissen, Fähigkeiten, Verständnis, Können, Handeln, Erfahrungen und Motivation, welche eine Person befähigen, konkrete Anforderungen zu bewältigen. Dieses Verständnis bildet die Grundlage für die Bildungsstandards der Kultusministerkonferenz (Klieme et al., 2007). Diese beschreiben »die fachbezogenen *Kompetenzen*, die Schüler bis zum jeweiligen Abschluss erwerben sollen. Sie beruhen auf breit verstandenen, fachlich verankerten und die Fachstruktur widerspiegelnden *Bildungszielen*, die in der Schule erreicht werden sollen« (Blum, 2010, S. 15; Hervorhebungen im Original). Diese länderübergreifenden Ausbildungsziele wurden für die allgemeinbildenden Schularten definiert, somit auch für die Grundschule. Die Standards für den Primarbereich im Fach Mathematik orientieren sich an der Idee einer mathematischen Grundbildung (KMK, 2005). Sie beschreiben die mathematischen Kompetenzen, die Schülerinnen und Schüler am Ende der vierten Klassenstufe erreicht haben sollen, wobei zwischen inhaltsbezogenen und allgemeinen, eher prozessbezogenen, Kompetenzen unterschieden wird. Beide Kompetenzfelder sind in enger Verbindung zu sehen, wie die nachfolgende Abbildung 6 veranschaulicht.

Die allgemeinen mathematischen Kompetenzen beschreiben grundlegende Prozesse des mathematischen Arbeitens und sind von zentraler Bedeutung für das Mathematiklernen. Sie sind untrennbar auf die Kompetenzen in den fünf inhaltlichen Bereichen bezogen, welche konkretes inhaltsbezogenes Wissen sowie Fertigkeiten beschreiben. Detailliertere Ausführungen zu den ausgewiesenen Kompetenzen sind den Bildungsstandards im Fach Mathematik für den Primarbereich (KMK, 2005) zu entnehmen. Inzwischen orientieren sich alle Rahmenpläne der Bundesländer an den Bildungsstandards der KMK.

Aus den dem Kompetenzbegriff inhärenten Leistungen erwachsen neue Erwartungen und Anforderungen an den modernen Mathematikunterricht. Die Entwicklung von Kompetenzen »hängt nicht nur davon ab,

3.1 Kompetenzorientierung

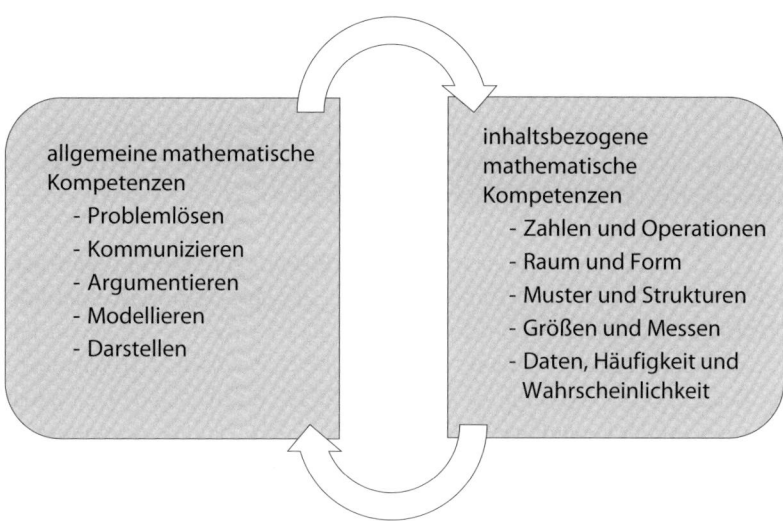

Abb. 6: Allgemeine und inhaltsbezogene mathematische Kompetenzen im Mathematikunterricht der Grundschule (nach KMK, 2005, S. 7)

welche Inhalte unterrichtet wurden, sondern in mindestens gleichem Maße davon, *wie* sie unterrichtet wurden« (KMK, 2005, S. 6; Hervorhebungen im Original). Die Standards sollen einen Unterricht unterstützen, der »nicht auf die Aneignung von Kenntnissen und Fertigkeiten reduziert« (KMK, 2005, S. 6) ist, sondern vielmehr auf »die Entwicklung eines gesicherten *Verständnisses*« (ebd.; Hervorhebung im Original) abzielt. Zu diesem Zweck betonen die Bildungsstandards der KMK eine *aktive* Auseinandersetzung der Kinder mit mathematischen Gegenständen und Inhalten im Unterricht (Walther, Selter & Neubrand, 2011). Diese geht weit über das Rechnen formaler Aufgaben (mit dem Ziel des Auswendigkönnens) hinaus und verlangt eine Zuwendung zu den zugrunde liegenden Strukturen, Mustern und Beziehungen von Zahlen und Rechenoperationen. Nur so können die Schülerinnen und Schüler zu einem mathematischen Verständnis gelangen, das sie befähigt, ihr mathematisches Wissen und Können für die Bewältigung alltäglicher Herausforderungen nutzbar zu machen, und das den Grundstein für gelingende Lernprozesse in den weiterführenden Schulen legt. Gerade auch bei leistungsschwächeren Schülerinnen und Schülern genügt es also nicht, den Mathematikunterricht auf die Vermittlung von Bearbeitungs- und Lösungsalgorithmen für Rechenaufgaben zu beschränken, denn (mathematische) »Leistungsfähigkeit entsteht dann, wenn Mathematik nicht im Auswendiglernen von Rechenvorschriften besteht, sondern wenn Kinder Einsichten in Zusammenhänge zwischen Zahlen bzw. Mengen erwerben« (Ricken, 2016, S. 168).

Die Bildungsstandards erfahren in der Wissenschaftswelt große Anerkennung. So werden die Standards in den einschlägigen mathematikdidaktischen Fachbüchern für die Grundschule beschrieben und gewürdigt (u. a. Krauthausen & Scherer, 2007; Franke & Ruwisch, 2010; Padberg & Benz, 2011; Hasemann & Gasteiger, 2014; Käpnick, 2014). Zudem wurden auf der Grundlage der Bildungsstandards Aufgabensammlungen mit Erläuterungen (hervorzuheben sind die Werke von Walther, van den Heuvel-Panhuizen, Granzer und Köller, 2011 sowie Grassmann, Eichler, Mirwald und Nitsch, 2014) und kompetenzorientierte Testverfahren (Granzer et al., 2008) für die schulische Praxis durch renommierte Fachdidaktikerinnen und Fachdidaktiker erarbeitet. Weiterhin wird das Zusammenspiel inhaltsbezogener und allgemeiner mathematischer Kompetenzen in groß angelegten Forschungsprojekten zur fachbezogenen Schulentwicklung untersucht (u. a. Selter, 2015). Dies sind Belege dafür, dass die Bildungsstandards der KMK in einem engen Zusammenhang zu wissenschaftlichen Erkenntnissen der Mathematikdidaktik stehen.

Wie realisiert man einen Mathematikunterricht im Sinne der Bildungsstandards der KMK?

»In einem Unterricht, der neben dem Erwerb inhaltsbezogener Kompetenzen insbesondere auch die Schulung prozessbezogener Kompetenzen anstrebt, spielen ›gute‹ Aufgaben eine wesentliche Rolle« (PIK AS, 2009, S. 1). Was aber sind »gute« *Aufgaben* und wie unterscheiden sie sich von »anderen« Aufgaben, wie Walther (2004) sie bezeichnet? »Gute Aufgaben sind Aufgaben, welche bei Schülern in Verbindung mit grundlegenden mathematischen Begriffen und Verfahren die Entwicklung prozessbezogener Kompetenzen unterstützen« (S. 10).

»Gute« Aufgaben verlangen den Schülerinnen und Schülern verschiedene kognitive Leistungen ab und gehen somit über das bloße »Ausrechnen« hinaus. Sie sollen, auf Basis grundlegender mathematischer Inhalte, Tätigkeiten wie etwa das Problemlösen, Argumentieren oder Modellieren initiieren. Dazu bedarf es »Fragestellungen, die zum Vermuten, Austauschen, Argumentieren und Begründen anregen« (PIK AS, 2009, S. 4). Möglichkeiten der unterrichtlichen Umsetzung sind beispielsweise

- der Austausch über Lösungsstrategien, Vorgehensweisen oder Rechenwege in Mathekonferenzen, Gruppen- oder Partnerarbeit,
- das gegenseitige Erklären von Beziehungen und Gesetzmäßigkeiten,
- das Nachvollziehen anderer Lösungsstrategien und Vorgehensweisen,
- das strukturierte und zielgerichtete Handeln bei Problemlösungen (z. B. systematisches Probieren oder Darstellungen anfertigen) oder
- das kreative Erfinden von eigenen Aufgaben (z. B. das selbstständige Erfinden »schöner Päckchen«; ▶ Kap. 4.2).

»Gute« Aufgaben sind somit eher offen gestaltet und zugleich relativ komplex. Sie müssen »eine reichhaltige mathematische Substanz besitzen, einschließlich der Möglichkeit zum Finden und Bearbeiten von interessanten Anschlussproblemen« (Käpnick, 2014, S. 20), wobei »das zugehörige Ausgangsproblem für jedes Kind möglichst leicht verständlich sein« (ebd.) sollte. Durch das Zusammenspiel von geringem Ausgangsniveau und der Offenheit nach oben kann eine »gute« Aufgabe von allen Kindern einer (inklusiven) Klasse als motivierende Herausforderung angenommen werden. Gerade auch leistungsschwächere Schülerinnen und Schüler können so zu mathematischem Verständnis im Sinne der Bildungsstandards der KMK gelangen.

Weil sich die Lerntätigkeit auch über mehrere Unterrichtsstunden erstrecken kann, wurde der Begriff in jüngster Zeit erweitert und die »gute« Aufgabe durch einen neuen Fachterminus ergänzt: Lernumgebung. »Eine Lernumgebung ist eine flexible große Aufgabe. Sie besteht in der Regel aus mehreren Teilaufgaben und Arbeitsanweisungen, die durch bestimmte Leitgedanken – immer basierend auf einer innermathematischen oder sachbezogenen Struktur – zusammengebunden ist« (Hirt & Wälti, 2016, S. 13). Das Problem kann somit ein rein fachliches sein, beispielsweise eine mathematische Struktur oder ein Muster, ebenso können Phänomene oder Situationen aus der Umwelt zur Erkundung mit mathematischen Methoden und Werkzeugen einladen. Falls Alltagskontexte das Lernen strukturieren und organisieren, sollten »sie – so weit wie sinnvoll und möglich – an die Realitäten, Vorerfahrungen und Interessen der Lernenden anschließen und deren vorhandene Denk- und Handlungsmuster erweitern, so dass subjektive Relevanz erfahrbar wird« (Leuders, Hußmann, Barzel & Prediger, 2011, S. 4). Dies gewährleisten Aufgaben, welche der unmittelbar oder medial erlebten Lebenswelt der Jungen und Mädchen entstammen. Die Qualitätskriterien für »gute«, kompetenzorientierte Aufgaben im Mathematikunterricht können wie folgt zusammengefasst werden:

»Gute« Aufgaben

- fördern inhaltsbezogene und prozessbezogene Kompetenzen integrativ.
- schaffen Verständnis.
- besitzen ein geringes Ausgangsniveau, sind aber mathematisch substanziell und ergiebig.
- besitzen ein hohes Aktivierungspotenzial und fordern zu Produktivität und Eigenaktivität heraus.
- ermöglichen Lernen in sinnstiftenden Kontexten.

Aus der Schulpraxis ...
Eine Kollegin berichtet Frau Müller von einer simpel anmutenden Aufgabe, welche sie kürzlich mit ihrer zweiten Klasse bearbeitet hat. Frau Müller beschließt, die Aufgabe auch ihren Schülerinnen und Schülern zu stellen: »Zum Elternabend kommen 34 Eltern. Es können immer 4 Eltern an einem Tisch sitzen. Reichen unsere Tische?«
    Die Kinder sind hoch motiviert und tüfteln an einer Problemlösung. Frau Müller ist überrascht, wie unterschiedlich sie dabei vorgehen. So zählen einige die Anzahl der Tische im Klassenzimmer und multiplizieren diese mit vier. Manche nutzen eine einfachere (und völlig »rechenfreie«) Lösungsvariante und fertigen eine Skizze der Tische des Klassenraumes an, auf der sie die 34 Personen eintragen. Andere gehen

andersherum vor: Sie zeichnen zuerst die 34 Eltern und bündeln diese dann zu Tischen. Einige Kinder wiederum versuchen mithilfe einer Tabelle zu einer Lösung zu kommen. Die leistungsstärkeren Kinder diskutieren sogar, wie die Anordnung der Tische verändert werden könnte, um die Eltern bestmöglich verteilen zu können. Am Ende der Stunde werden die verschiedenen Vorgehensweisen vorgestellt und deren Vor- und Nachteile diskutiert.

Frau Müller freut sich über die gute Arbeitsatmosphäre in ihrer Klasse. Viele Kinder, gerade auch leistungsschwächere, haben sie überrascht und kreative Lösungsvorschläge unterbreitet. Sie nimmt sich fortan vor, möglichst häufig Aufgaben auszuwählen, die neben inhaltlichen auch prozessbezogene Kompetenzen fördern.

3.2 Adaptive Lehrkraftlenkung

Wie bereits in Kapitel 2.1 benannt, gibt es verschiedene Theorien zu der Frage, wie Menschen lernen. Insgesamt können diese zwei gegensätzlichen Grundpositionen zugeordnet werden (zusammenfassend Winter, 2016).

Die *passivistische* Annahme geht davon aus, dass Wissen durch die Wirkung äußerer Ursachen entsteht. Die Kinder nehmen somit die von der Lehrperson dargebotenen Informationen auf. Durch kleinschrittiges Vorgehen »soll Kindern das Lernen erleichtert und der Unterricht ökonomisiert werden« (Brüggelmann, 2001, S. 54). »Der Lernende setzt nur seine Sinne ein, öffnet sozusagen Augen und Ohren und versucht nachzuahmen, was ihm vorgemacht wird, bleibt aber ansonsten passiv. Er läßt sich gewissermaßen wie ein Schiff beladen« (Wittmann, 1994, S. 157). Demgegenüber interpretiert die *aktivistische* Position die Entstehung von Wissen als Resultat der Interaktion der bzw. des Lernenden mit seiner Umwelt. Demnach muss sich das Kind mithilfe seiner vorhandenen Kompetenzen neue Inhalte eigenständig erschließen. Auf diese Weise konstruiert jede bzw. jeder Lernende auf Basis der Erfahrungen mit der Außenwelt und in Kommunikation mit anderen ihr bzw. sein eigenes Wissenssystem.

Winter (2016, S. 4 f.) hat eine Gegenüberstellung der beiden Grundpositionen zum Lernen erstellt, die in nachfolgender Tabelle 1 wiedergegeben wird.

Tab. 1: Grundpositionen zum Lernen im Mathematikunterricht nach Winter (2016, S. 4 f.)

Lernen durch Entdeckenlassen (aktivistische Grundposition)	Lernen durch Belehren (passivistische Grundposition)
Die Lehrperson ...	*Die Lehrperson ...*
• setzt auf die Neugier und den Wissensdrang der Kinder.	• verlässt sich auf die Methoden ihrer Vermittlung.
• betrachtet die Schülerinnen und Schüler als Mitverantwortliche am Lernprozess.	• neigt stärker dazu, die Schülerinnen und Schüler als zu formende Objekte anzusehen.
• fühlt sich als erzieherische Persönlichkeit für die Gesamtentwicklung der Kinder mitverantwortlich.	• versteht sich in erster Linie als Instrukteur, als Vermittler von Lerninhalten.
• ermuntert zum Beobachten, Erkunden, Probieren, Fragen.	• erarbeitet den neuen Stoff durch Darbieten oder gelenktes Unterrichtsgespräch.
• gibt der Eigendynamik von Lernprozessen Raum.	• setzt auf kleinschrittiges und schwierigkeitsgradig gestuftes Vorgehen.
• analysiert (vermeintliche) Schülerfehler gemeinsam mit den Kindern.	• versucht nach Kräften, das Auftreten von Schülerfehlern zu unterbinden.
• hält die Schülerinnen und Schüler an, ihre Lösungsansätze selbst zu kontrollieren.	• fühlt sich verpflichtet, im Wesentlichen selbst Schülerbeiträge zu beurteilen.

Winters, wenn auch etwas idealtypische, Polarisierung macht deutlich, dass die Auffassungen nicht nur die didaktisch-methodische Aufbereitung und Darbietung des Lernstoffes beeinflussen, sondern gleichwohl Konsequenzen auf pädagogischer (z. B.: Welche Rollen haben Lehrperson sowie Schülerinnen und Schüler inne?), psychologischer (z. B.: Wieviel Verantwortung wird den Schülerinnen und Schülern zugetraut bzw. zugemutet?) sowie mathematisch-inhaltlicher Ebene (z. B.: Welche Anschauungsmittel können den Aneignungsprozess unterstützen?) nach sich ziehen. Insofern stellt der moderne Mathematikunterricht (Lernen durch Entdeckenlassen) hohe Ansprüche an eine Lehrkraft (und die Schülerinnen und Schüler). Möglicherweise ist das der Grund, warum das Konzept nur selten in den Klassenzimmern zu beobachten ist (Krauthausen & Scherer, 2007), obwohl eigenaktives, entdeckendes Lernen bzw. »hierauf basierende Lehr-Lernkonzepte in der Schulpraxis durchaus sehr erfolgreich realisiert werden« (Käpnick, 2014, S. 10).

Wie kann ein Mathematikunterricht im Sinne aktiv-konstruktivistischer Grundannahmen umgesetzt werden?

Die wohl prominenteste, wissenschaftlich anerkannteste und etablierteste didaktische Konzeption ist der, vor allem von Wittmann und Müller mit ihrem Projekt »mathe 2000« (mit-)geprägte und verbreitete, Ansatz des aktiv-entdeckenden Lernens. Im Vergleich zum traditionellen, kleinschrittigen Mathematikunterricht stellt Wittmann (1994) heraus:

> *»Die einzelnen Lernabschnitte sind großzügiger bemessen und schaffen Sinnzusammenhänge, aus denen heraus sich für die Schüler vielfältige Aufgaben unterschiedlichen Schwierigkeitsniveaus ergeben. Durch den Lehrer angeregt und auf bestimmte Ziele hingelenkt **erarbeiten sich** die Schüler bestimmte Fertigkeiten, Wissenselemente und Lösungsstrategien. Die Diskussion der Ideen und Überlegungen der Schüler in der Klasse wird dabei genutzt, um zunächst unvollkommene Ansätze der Schüler weiterzuentwickeln. Geübt wird ebenfalls in sinnvollen Zusammenhängen.«* (S. 162; Hervorhebungen im Original)

Aktiv-entdeckendes Lernen bezieht sich demnach auf die kognitive Auseinandersetzung der Kinder mit dem Lerngegenstand. Es ist durch folgende Merkmale gekennzeichnet (s. auch Käpnick, 2014), nämlich durch

- die gezielte Anregung eines eigenaktiven als auch weitgehend selbstgesteuerten Lernprozesses der Kinder,
- eine ganzheitliche Erschließung größerer Stoffeinheiten im Sinne eines Lernens in sinnstiftenden Kontexten anstatt einer Vermittlung von Einzelinformationen,
- das Erkennen und Aufgreifen der kindlichen Voraussetzungen beim Erarbeiten neuer Themen (▶ das Konzept der »natürlichen« Differenzierung in Kap. 3.8),
- die Akzeptanz und Toleranz für unterschiedliche Denk- und Entwicklungsprozesse von Kindern (▶ Merkmal »Kommunikations- und Feedbackkultur« in Kap. 3.6) sowie
- eine veränderte Rolle der Lehrperson verstanden als Lernbegleitung, die Hilfe zur Selbsthilfe gibt.

Im »traditionellen« Unterricht musste die Lehrerin bzw. der Lehrer »möglichst gut erklären können; [ihre bzw.] seine Aufgabe bestand primär darin, den Stoff so zu elementarisieren, daß jeder [ihrem bzw.] seinem Gedankengang folgen und ihn auf Aufforderung wiederholen konnte« (Selter, 1994, S. 8). Die Organisation des Unterrichtsablaufs lag dabei allein in der Hand der Lehrkraft: Sie gibt den Weg der Erkenntnis vor, motiviert für den nächsten Lernschritt und greift bei falschen Reaktionen der Schülerinnen und Schüler ein. Demgegenüber zieht sich die Lehrerin bzw. der Lehrer beim aktiv-entdeckenden Lernen eher zurück, allerdings nicht völlig. Entdeckungen werden in der Regel schließlich nicht von selbst oder einfach so gemacht, sondern bedürfen Anregungen, d. h. äußeren Impulsen (Winter, 2016). Bei Verständnisproblemen oder Schwierigkeiten im Lernprozess werden die Anstöße der Lehrkraft gezielter, ohne dabei jedoch einen Lösungsweg vorzugeben. Wittmann bezeichnet dies als »Hilfe zur Selbsthilfe« (1995, S. 15).

Lernen auf eigenen Wegen oder Lernen auf vorgegebenen Wegen?

Die bekannte Diskussion um bestmögliches Lernen wird auch heute noch fortwährend geführt, gerade auch, weil die empirische Befundlage weder erschöpfend noch eindeutig ist. »Dies hängt vermutlich damit zusammen, dass niemand genau sagen kann, was ein relativ selbst gesteuertes, kooperatives, problemlösendes, in authentischer Lernumgebung stattfindendes und lebenslanges Lernen eigentlich ist« (Edelmann, 2000, S. 7). Aus empirischer Perspektive kann zum gegenwärtigen Zeitpunkt keine Aussage getroffen werden, ob das ganzheitliche Lernen auf eigenen Wegen wirksamer ist als das kleinschrittige auf vorgegebenen Wegen. Zwar sprechen verschiedene Studienbefunde dafür, dass direktive Lernformen durchaus einen hohen positiven Effekt auf das schulische Lernen erzielen (zusammenfassend Grünke, 2006; Hattie, 2013; Kroesbergen & van Luit, 2003), jedoch können auch viele Argumente grundsätzlich für die aktiv-konstruktivistische Sichtweise herangezogen werden, insbesondere wenn es um nachhaltiges Wissen, Einsichten und echtes Verständnis geht (▶ Tab. 1).

In der mathematikdidaktischen Literatur herrscht grundlegend Einigkeit dahingehend, dass mathematische Begriffe und Verfahren primär aktiv-entdeckend erworben werden sollten (u. a. Hasemann & Gasteiger, 2014; Hirt & Wälti, 2016; Käpnick, 2014; Krauthausen & Scherer, 2013; Nührenbörger & Pust, 2016; Scherer, 2017). Jedoch ist dem hinzuzufügen, dass prinzipiell nicht alles auf diese Weise gelernt werden kann. In der Mathematik gibt es bestimmte Konventionen, Bezeichnungen, Sprech- und Schreibweisen, die sich der Entdeckung der Kinder weitgehend entziehen und wenn, dann nur in Ansätzen selbst erschlossen werden können (Schipper, 2005). Es bedarf somit – auch bei leistungsstarken Schülerinnen und Schülern – zumindest stellenweise der gezielten Anleitung durch die Lehrkraft. Dies betrifft insbesondere die Erarbeitung von Basiskompetenzen (▶ Merkmal »Reagieren auf Lernschwierigkeiten« in Kap. 3.9), welche durch explizite Instruktionen und angeleitete Übungsphasen (▶ Merkmal »Strukturiertes Üben« in Kap. 3.7) effektiver gelernt werden (Grünke, 2006). Angeleitet erworbene Einsichten, Grundlagen und Basiskompetenzen haben für weitere Lernprozesse die Funktion von Werkzeugen, mit deren Hilfe das Kind sich selbst das neue Wissen aneignen kann. Sie sind somit eine wichtige Voraussetzung für mathematische Entdeckungen.

»Direkte individuelle Förderung ist nicht als Rückfall in lehrergelenktes, rezeptives und passives Lernen zu verstehen. Das Angebot der diagnosegeleiteten, bereichsspezifischen und individuellen Lernhilfe unterstützt die Schüler mit Lernbeeinträchtigungen, grundlegendes Wissen, Kulturtechniken und

Lernstrategien zu erwerben. Erst dies schafft die Voraussetzung für erfolgreiches Lernen in einem reformpädagogisch orientierten Unterricht mit offenen und geringer steuernden Lerngelegenheiten. Daher schließen sich direkte Förderung und reformpädagogisch organisierte Lernarrangements nicht aus, sondern ergänzen sich.« (Benkmann, 2009, S. 154 f.)

Die Frage ist also weniger, ob man ein aktiv-entdeckendes Lernen oder eine systematische Vermittlung von mathematischen Inhalten im Mathematikunterricht realisieren soll. Die Frage ist eher, an welcher Stelle im Kompetenzerwerb bei welchen Schülerinnen und Schülern welche Vermittlungsform hilfreich ist. So wird es bei leistungsschwächeren Schülerinnen und Schülern häufiger darum gehen, Basiskompetenzen gezielt zu erarbeiten, um ihnen die notwendigen Werkzeuge für mathematische Entdeckungen an die Hand zu geben. Leistungsstärkere benötigen diese Anleitungen eher seltener. In einer Mathematikstunde in einer inklusiven Grundschulklasse werden daher vermutlich Mischformen der hier idealtypisch beschriebenen Vermittlungsformen zum Einsatz kommen. Deshalb sind die beiden aufgezeigten Pole nicht als einander widersprechende Grundpositionen aufzufassen, vielmehr zeichnet sich ein inklusionsförderlicher Mathematikunterricht dadurch aus, dass der Lehrkraft der »Spagat« zwischen Offenheit und Lenkung gelingt.

> **Aus der Schulpraxis ...**
> Frau Müller ist seit über dreißig Jahren Lehrerin an einer Grundschule. Obwohl sie normalerweise eher traditionell unterrichtet, ist sie fasziniert von reformpädagogischen Unterrichtskonzepten wie der Montessoripädagogik. Sie beschließt deshalb, die Mathematikstunde am Freitag immer anders zu gestalten als an den übrigen Tagen. Sie möchte ihren Unterricht öffnen und den Kindern mehr Wahlmöglichkeiten lassen. Ganz bewusst bereitet sie dafür aber nicht verschiedene Arbeitsblätter für eine Stationsarbeit vor, weil dies für sie eigentlich nur ein scheinbar geöffneter Unterricht ist. Stattdessen sucht Frau Müller Übungsformate heraus, die sich für mathematische Problemlösungen und Entdeckungen eignen, beispielsweise »schöne Päckchen« oder »Zahlenmauern«, und formuliert daran offene Aufgabenstellungen. So gibt sie zum Beispiel Zahlen vor und lässt die Kinder

daraus »schöne Päckchen« oder »Zahlenmauern« erstellen, manchmal entwickeln die Schülerinnen und Schüler aber auch ohne irgendwelche Vorgaben ihre ganz eigenen Päckchen und Mauern.

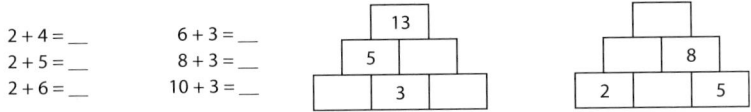

2 + 4 = __   6 + 3 = __
2 + 5 = __   8 + 3 = __
2 + 6 = __   10 + 3 = __

Frau Müller stellt fest, dass sich an ihrem Unterricht eigentlich gar nicht so viel ändert. Allerdings fällt es ihr manchmal schwer, sich zurückzuhalten und nicht sofort einzugreifen, wenn ein Kind einmal nicht weiterkommt. In ihren Freitagsstunden rechnen die Schülerinnen und Schüler zwar weniger, dafür überlegen und »forschen« sie mehr.

Einer Schülerin und einem Schüler fiel dieses »forschende« Vorgehen zunächst schwer. Ihnen fehlte es an notwendigen Vorgehensweisen zur systematischen Lösungsfindung – sie fühlten sich überfordert. Nach einer anfänglichen Orientierungshilfe durch gezielte Fragestellungen (»Was würdest du als erstes tun?«) oder Ansatzmöglichkeiten (»Also ich beginne immer mit...«) von Frau Müller kamen jedoch auch diese beiden Kinder mit dem »neuen« Unterricht zurecht.

3.3 Förderrelevante Diagnostik

Im Kapitel 2.2 wurde aufgezeigt, dass die mathematischen Inhalte in der Grundschule kumulativ angeordnet sind. Zudem kann Mathematiklernen als ein hierarchischer Prozess aus mehr oder minder konsequent aufeinander aufbauenden Teilprozessen aufgefasst werden. Daraus resultiert eine bedeutende Konsequenz für eine erfolgreiche Förderung der Schülerinnen und Schüler: Werden frühere Inhalte nicht oder nicht ausreichend beherrscht, erschwert dies nachfolgende Lernprozesse. Über die Zeit können in deren Folge so gravierende Probleme erwachsen, dass ein Kind als rechen- bzw. mathematikschwach klassifiziert wird (▶ Kap. 2.3). Sachlogisch fällt die Prognose für die weitere mathematische Kompetenzentwicklung umso ungünstiger aus, je später die Problematik erkannt und entsprechend pädagogisch reagiert wird. Dieser Umstand ist empirisch mehrfach belegt (Aunola et al., 2004; Becker et al., 2006). Ein Schlüssel für eine erfolgreiche Prävention von deutlichen Minderleistungen ist daher, eventuelle Probleme beim Mathematiklernen sowie Leistungsrückstände möglichst *frühzeitig zu erkennen*, um zeitnah spezifische Unterstützungsangebote einleiten zu können.

Eine präzise Einschätzung der Leistungsstände der Kinder ist eine notwendige Voraussetzung für eine an die individuellen Lernvoraussetzungen bestmöglich angepasste Förderung (u. a. Koch & Knopp, 2010; Hesse & Latzko, 2017; Maier, 2015). Ein hohes Maß an einer solchen Passung zeichnet einen guten, adaptiven Unterricht aus (u. a. Hartke, 2010; Wember, 2001; Schrader, 2010). Demnach ist Unterricht genau dann besonders effektiv, wenn er an die beim Kind vorhandenen Kompetenzen anknüpft und inhaltlich auf die sich anschließenden curricularen Lerninhalte abhebt. Der Einfluss der unterrichtlichen Passung auf die Schulleistungen ist mehrfach empirisch nachgewiesen worden (zusammenfassend Helmke & Weinert, 1997).

Die diagnostische Kompetenz von Lehrkräften muss somit als eine Grundvoraussetzung für erfolgreichen Unterricht angesehen werden. Mit diagnostischer Kompetenz wird im Kern die Fähigkeit bezeichnet, Schülerinnen und Schüler zutreffend zu beurteilen (Schrader, 2010). Im schulischen Alltag bemühen sich Lehrkräfte, regelmäßig Einblick in den Entwicklungsstand der Kinder zu nehmen, um Passung herzustellen, typischerweise durch die Kontrolle von Arbeitsproben aus dem Unterricht oder die Durchführung von mündlichen und schriftlichen Leistungskontrollen zur abschließenden Auseinandersetzung mit einem Themengebiet (Heller & Hany, 2014). Solche informellen Verfahren »stehen aufgrund ihrer negativen Effekte auf Schülermotivation und Lehr-Lernprozesse zunehmend in der Kritik« (Maier, 2010, S. 293). Die Bedenken werden durch Untersuchungen zur Präzision diagnostischer Urteile von Lehrkräften untermauert, welche diesen immer wieder eine ungenügende

Qualität attestieren (zusammenfassend Hoge & Coladarci, 1989; Südkamp, Kaiser & Möller, 2012). Zwar deuten die Ergebnisse darauf hin, dass Lehrkräfte im Großen und Ganzen angemessene Einschätzungen der Leistungen ihrer Schülerinnen und Schüler vornehmen, allerdings zeigten sich beträchtliche interindividuelle Unterschiede in der Diagnosegenauigkeit. Insofern erscheint Schraders Fazit gerechtfertigt, wenn er konstatiert: »Lehrerurteile sind [...] fehleranfällig und können in ihrer Güte erheblich variieren« (2010, S. 106).

Tendenziell neigen Lehrerinnen und Lehrer zur Überschätzung der Leistungen der Schülerinnen und Schüler (u. a. Hosenfeld, Helmke & Schrader, 2002; Madelaine & Wheldall, 2005; Schrader & Helmke, 1987; Südkamp, Möller & Pohlmann, 2008). Gleichzeitig wird die Heterogenität der Leistungsstände häufig unterschätzt (Helmke, Hosenfeld & Schrader, 2004; Hosenfeld et al., 2002). Besonders schwache Schülerinnen und Schüler werden somit möglicherweise ebenso wenig erkannt wie sehr leistungsstarke. Dies legen auch die Ergebnisse der Studie von Madelaine und Wheldall (2005) nahe, in der Lehrkräfte die Leseleistungen von zwölf zufällig ausgewählten Schülerinnen und Schülern ihrer Klasse einschätzen sollten. Nur 15 % der Lehrpersonen benannten die drei leistungsschwächsten korrekt. Die aufgeführten Befunde sind im Zusammenhang mit der Früherkennung von Lernschwierigkeiten als besonders relevant anzusehen.

Ferner weist Coladarci (1986) auf die inhaltliche Ungenauigkeit von Lehrkrafteinschätzungen hin, dahingehend, was Kinder bereits können und was sie noch erlernen müssen. Differenzierte Aussagen über die Stärken und Schwächen der Schülerinnen und Schüler sind für eine erfolgreiche Förderung, nicht nur bei Schwierigkeiten beim Mathematiklernen, grundlegend. »Eine wesentliche Voraussetzung für das Einleiten adäquater Fördermaßnahmen bzw. für die Anpassung des Unterrichts an die aktuellen Lernvoraussetzungen der Schüler ist [...] eine präzise, zuverlässige (reliable) und inhaltlich gültige (valide) Einschätzung ihrer Kenntnisstände« (Koch & Knopp, 2010, S. 101).

In Anbetracht des üblichen diagnostischen Vorgehens von Lehrkräften sowie der berechtigten Kritik an der Genauigkeit der getroffenen Urteile scheint die hier postulierte notwendige Voraussetzung für qualitativ hochwertigen Unterricht bzw. effektive Förderung oftmals nicht erfüllt zu sein. Dazu korrespondierend wird in der Literatur immer wieder beschrieben, wie schwer es Lehrkräften fällt, Kinder entsprechend ihren Lernvoraussetzungen mathematisch zu fördern (Häsel-Weide, Nührenbörger, Moser Opitz & Wittich, 2015; Wielpütz, 2010; Zimmermann, 2011). Relativ einstimmig werden den Praktikerinnen und Praktikern ein unsystematisches Vorgehen und eine zu geringe Passung zwischen Lernvoraussetzungen und Förderung vorgeworfen, wie die nachfolgenden Zitate aus aktuellen Veröffentlichungen zur Thematik eindrucksvoll belegen:

»Der beobachtbare Förderunterricht wiederholt jedoch, auch in Kleinstgruppen, mit weiteren Aufgaben jenen Unterricht, der bereits wenig erfolgreich war. Der Modus der ›Beschäftigung‹ lässt einen verstehenden Zugang zu Schwierigkeiten und ihren möglichen Ursachen außer Acht. Die Frage der Passung stellt sich auf diese Weise gar nicht.« (Wielpütz, 2010, S. 111)

»Ein Blick in die Alltagspraxis der unterrichtsergänzenden oder -ersetzenden Lernzeiten für einzelne Gruppen von Kindern zur Aufarbeitung von Lernschwierigkeiten zeigt […], dass die Lehrkräfte selten einem bestimmten Trainingskonzept folgen oder die mathematischen Lehr- und Lernangebote an das Denken des einzelnen Kindes anpassen.« (Häsel-Weide, Nührenbörger, Moser Opitz & Wittich, 2015, S. 21)

»Verantwortlich für die Probleme sind in der Regel ein unzureichendes Verständnis für mathematische Zusammenhänge und Gesetzmäßigkeiten und ein daher nutzloses fortdauerndes Üben von nicht begriffenen Rechenoperationen.« (Zimmermann, 2011, S. 5)

Vor dem Hintergrund der hohen Häufigkeit von Schülerinnen und Schülern, die nur unzureichend das Rechnen lernen (▶ Kap. 2.3.2), ist diese Kritik besonders ernst zu nehmen. So verwundert es wenig, dass Terhart (2006) »die Fähigkeit zur Bereitstellung eines stärker individualisierten Angebots von Lernmöglichkeiten« (S. 235) als zentrale Herausforderung für Grundschullehrerinnen und -lehrer herausstellt. In Anbetracht der großen Leistungsschere in einer inklusiven Grundschulklasse stellt sich die Frage, wie Lehrkräfte in ihrem Bemühen um eine individualisierte Förderung unterstützt werden können.

Es kann davon ausgegangen werden, dass die Güte von Unterricht und Förderung gesteigert werden kann, wenn es gelänge, die Genauigkeit der Lehrkrafteinschätzung zu erhöhen. Diesen Schluss legen Studien nahe, welche die Effekte der Urteilsqualität von Lehrkräften auf die Schülerleistungen untersucht haben (u. a. Schrader & Helmke, 1987; Anders, Kunter, Brunner, Krauss & Baumert, 2010). Entsprechend konstatiert Maier (2015): »Mittlerweile gibt es empirische Hinweise, dass Lehrkräfte mit einem genauen diagnostischen Blick auf die Schülerinnen und Schüler eher in der Lage sind, Aufgaben auf dem entsprechenden Leistungsniveau zu stellen und damit eine passgenauere Förderung im Unterricht zu realisieren« (S. 133).

Eine präzise Diagnostik darf jedoch kein Selbstzweck sein, zentral ist vielmehr, welche Konsequenzen für Unterricht und Förderung daraus folgen. Nur wenn aus den gewonnenen Erkenntnissen entsprechende Handlungsmöglichkeiten abgeleitet werden, können sich positive Lernerfolge auf Seiten der Schülerinnen und Schüler einstellen.

Der bisherige Problemaufriss legt nahe, dass ein nicht zu unterschätzender Teil der Lehrkräfte Unterstützung in dreierlei Hinsicht benötigt, nämlich

- beim genauen Einschätzen des Spektrums der Leistungen der Schülerinnen und Schüler, um den Unterricht daran bestmöglich anpassen zu können,
- beim rechtzeitigen Erkennen derjenigen Schülerinnen und Schüler mit Risiken bzw. bereits ausgeprägten Schwierigkeiten im mathematischen Kompetenzerwerb sowie
- bei der Planung effektiver Fördermaßnahmen, insbesondere für diejenigen Schülerinnen und Schüler mit besonderen Unterstützungsbedarfen.

Es bedarf daher der Nutzung von Instrumenten, welche Lehrkräfte dabei unterstützen, Schülerinnen und Schüler mit Problemen beim Mathematiklernen frühzeitig und valide zu identifizieren. Wünschenswert wäre zudem, dass diese Verfahren Hinweise für die weitere Förderung der Kinder liefern.

Das Thema einer bestmöglichen Diagnostik im Unterricht wird vielfältig diskutiert, die Verschiedenheit der Ansätze und Strategien ist zu groß, um an dieser Stelle einen angemessenen und verständlichen Überblick über das Thema geben zu können. Jedoch wird ein Beispiel, wie Lehrkräfte den oben aufgezeigten diagnostischen Ansprüchen gerecht werden können, in den Ausführungen zum Rügener Inklusionsmodell in diesem Buch gegeben (▶ Kap. 4.3). Dort wird ein gestuftes, im Aufwand vertretbares Diagnosevorgehen für den Mathematikunterricht für die gesamte Grundschulzeit vorgestellt, das auf dem Grundgedanken des *formative assessment* (Scriven, 1967) basiert (▶ Kap. 4.1.1). Darunter wird eine Vielzahl von diagnostischen Verfahren und Strategien subsumiert, die dazu geeignet sind, den aktuellen Lehr-Lernprozess systematisch, regelmäßig und kleinschrittig zu evaluieren, um bei ausbleibenden Lernerfolgen zeitnah pädagogisch reagieren zu können. Die dabei genutzten Instrumente sollten zur Minimierung der Fehleranfälligkeit der getroffenen Diagnose wissenschaftlichen Gütekriterien genügen (Klauer, 2011, 2014; Voß & Hartke, 2014; Voß, Sikora & Hartke, 2017). Häufig – so auch in dem Beispiel in Kapitel 4.3.2 – handelt es sich bei wissenschaftlich basierten Versuchen, die Aussagekraft von Schülereinschätzungen zu erhöhen, um eine Lernverlaufsmessung bzw. um eine Lernverlaufsdiagnostik (Klauer, 2014), welche bewusst von informellen formativen Unterrichtsevaluationen abzugrenzen ist. Hilfreich ist zudem der Einsatz standardisierter und normierter Schulleistungstests (▶ Kap. 4.3.1), deren Verwendung aber durch eng festgelegte Durchführungszeitpunkte eingegrenzt ist.

Aus der Schulpraxis ...

Max ist ein Junge, der ab und an ohne Hausaufgaben zur Schule kommt. Im Fach Mathematik gehört er mit einer 3 auf dem Zeugnis zu den schwächsten seiner Klasse. Frau Müller sagt: »Die 3 hat er sich verdient. Max ist kein Zweier-Schüler«. Bei VERA schneidet Max im Mathematiktest als Zweitbester seiner Klasse ab. Dieses Ergebnis verwundert Frau Müller: »Hat er etwa abgeschrieben?« Sie fragt sich selbstkritisch, ob sie Max vielleicht doch unterschätzt hat, und beschließt, zukünftig genauer hinzuschauen. Sie fragt dazu im Kollegium, ob jemand einen Test – ähnlich zu VERA – kennt, den sie im Laufe des Schuljahres einsetzen kann, um ihren Eindruck zu objektivieren.

3.4 Abstraktionsprozesse unterstützende Darstellungsmittel

In den 1970er-Jahren entwickelte Bruner ein Modell der Denkentwicklung, welches seitdem entscheidenden Einfluss auf die Mathematikdidaktik genommen hat und auch in aktuellen Lehrbüchern eine wesentliche Rolle spielt (u. a. Zech, 2002; Krauthausen & Scherer, 2007; Käpnick, 2014; Hasemann & Gasteiger, 2014; Reiss & Hammer, 2013). Seine oftmals als »E–I–S–Prinzip« (u. a. Zech, 2002) abgekürzte Lerntheorie erhielt »über lange Zeit geradezu den Status eines Dogmas für den Mathematikunterricht in der Grundschule« (Hasemann & Gasteiger, 2014, S. 67). Nach Bruner (1971, 1974) vollzieht sich die Denkentwicklung gleichzeitig auf verschiedenen Repräsentationsebenen, die sich wechselseitig beeinflussen. Seiner Auffassung nach kann »man etwas auf drei verschiedene Weisen kennen [...]: dadurch, daß man es tut, dadurch, daß man es sich bildlich vorstellt, und dadurch, daß man ein symbolisches Mittel wie z. B. die Sprache verwendet« (1971, S. 27). Entsprechend beschreibt er drei Ebenen der Repräsentation, auf welchen Informationen dargestellt werden können: die enaktive, die ikonische und die symbolische Ebene. Diese leitet er aus den Ergebnissen seiner empirischen Untersuchungen ab.

Die *enaktive Ebene* kennzeichnet die haptisch erfahrbare Wirklichkeit. Auf dieser Ebene vollzieht sich der Erkenntnisgewinn durch Handlungen. Sie zeichnet sich durch die Möglichkeit der Manipulation von Material sowie der Erfahrbarkeit von direkten authentischen Rückmeldungen aus.

Die *ikonische Ebene* umfasst Bilder oder Grafiken, die »dazu verwendet werden, Zustände, Handlungen oder – in symbolischer Weise – Beziehungen darzustellen« (Bruner, 1971, S. 29). Diese Sachverhalte sind dementsprechend nur für das Auge wahrnehmbar. Auf der ikonischen Ebene vollzieht sich der Erkenntnisgewinn durch Anschauung oder Vorstellung.

Die *symbolische Form* der Repräsentation umfasst Symbole und Regelsysteme abstrakter Natur. Diese sind innerhalb einer formalen Sprache eindeutig und können verbalisiert werden. Dementsprechend werden auch das gesprochene Wort und die natürliche Sprache zur symbolischen

Ebene gezählt. Wegen des hohen Abstraktionsgrades und der willkürlichen Wahl der Symbole sind diese laut Bruner selten intuitiv zu erlernen. Diese drei Darstellungsebenen können nach Bruner nebeneinander bestehen und teilweise ineinander übersetzt werden, was seinen Annahmen zufolge die kognitive Entwicklung in Richtung eines abstrakten Denkens begünstigt. Daraus ergeben sich bedeutsame Implikationen für den Mathematikunterricht. Wie im Kapitel 2 herausgearbeitet wurde, sind mathematische Begriffe und Konzepte abstrakter Natur. Durch eine didaktische Aufbereitung mit Bild- oder konkretem Material können mathematische Sachverhalte veranschaulicht und konkretisiert werden. Dies kommt insbesondere jüngeren Kindern, die eine Präferenz für konkrete Handlungen haben und sich ihre Umwelt im Wesentlichen durch Handlungen erschließen, zugute. Ein mathematisches Darstellungsmittel sollte deshalb so spezifiziert sein, dass es »das symbolische Operieren, die Strukturierung von Bildern und die Ausführung motorischer Handlungen unterstützt« (Bruner, 1971, S. 31). Weiterhin sollte es »von der handelnden in die bildliche Repräsentationsebene übertragungsfähig sein, sodass es keinen Bruch in den Darstellungsformen gibt« (Voß, Sikora & Hartke, 2015, S. 93).

Bei der Erarbeitung neuer Inhalte im Mathematikunterricht der Grundschule hat es sich durchgesetzt, die drei Ebenen nacheinander, also vom Konkreten zum Abstrakten, zu durchlaufen. »Der Übergang von den Handlungen zu den Bildern und schließlich den Symbolen geht – so die Theorie – einher mit der Verinnerlichung der konkreten Handlungen zu Denkhandlungen und mit dem Aufbau oder der Erweiterung der kognitiven Strukturen beim Kind« (Hasemann & Gasteiger, 2014, S. 68). Das mag in den meisten Fällen gerechtfertigt sein, allerdings wird dieser Dreischritt mitunter auch dogmatisch gesehen. Für den Lernprozess entscheidend ist der »Übergang vom Blick zum Durchblick« (Winter, 1998, S. 76). Verständnis zeigt sich nach Bruner, sobald man flexibel zwischen den Repräsentationsebenen hin- und herwechseln kann. So gilt für den Mathematikunterricht also nicht das alleinige Ziel, dass ein Kind auf symbolischer Ebene operieren, also beispielsweise das Ergebnis der Aufgabe 7 mal 8 nennen kann. Ohne zugrunde liegendes Verständnis der ausgeführten Operation im Sinne eines mentalen Bildes ist dieses Wissen relativ wertlos, u. a. auch, da es bei der weiteren Behandlung der

3.4 Abstraktionsprozesse unterstützende Darstellungsmittel

Multiplikation nicht hilfreich ist. Entsprechend mahnen Krauthausen und Scherer (2007): »Eine zu frühe Abkehr von anschaulichen Darstellungen bevor wirklich tragfähige mentale Bilder vom Kind konstruiert und genutzt werden können, kann als der Kardinalfehler des Anfangsunterrichts bezeichnet werden« (S. 247).

Das Erlangen eines tiefgründigen Verständnisses mathematischer Strukturen wird unterstützt durch geeignete Materialien und Darstellungen, die bewusst auf die Aneignung von Zahl- und Operationsverständnis sowie die Entwicklung von Rechenstrategien ausgerichtet sind (Schipper, 2003). Visualisierungshilfen übernehmen neben dieser »Brücken bauenden Funktion« im Sinne des Verständnisaufbaus auch die Funktion einer »Gedankenstütze« zur Entlastung des Arbeitsgedächtnisses, da auf sie zur Lösung unbekannter bzw. zu schwieriger Aufgaben zurückgegriffen werden kann. Dadurch wird gerade leistungsschwächeren Schülerinnen und Schülern eine höhere Teilhabe am Unterricht ermöglicht. Stetig eingesetzte bzw. zur Verfügung stehende Darstellungsmittel können dem Kind Begleitung sein, die hilft, wenn es mal nicht weiterweiß.

Obwohl Anschauungsmaterialien in fast jeder Mathematikstunde zum Einsatz kommen, herrscht keine Einigkeit darüber, welches Hilfsmittel zur Veranschaulichung von Zahlen und Operationen am besten geeignet ist. Vielmehr muss in Abhängigkeit des zu visualisierenden Sachverhaltes entschieden werden, welches Lehr- bzw. Lernmittel dafür günstig erscheint. Dies führt nicht selten dazu, dass eine Vielzahl von Darstellungen im Unterricht zum Einsatz kommt. Das ist insofern ungünstig, als dass der Umgang mit einem Hilfsmittel erst erlernt werden muss. Für die Einarbeitung in das neue Material geht somit für viele Kinder wertvolle Unterrichtszeit verloren. Zudem können sich die Handlungen beim Lösen ein und derselben Aufgabe an verschiedenen Visualisierungshilfen zum Teil deutlich unterscheiden, was gerade für leistungsschwächere Kinder verwirrend sein kann (Lorenz, 2007). In der Regel ist es somit nicht sinnvoll, ein neues Darstellungsmittel zu verwenden, wenn ein Kind mithilfe des einen den Lerngegenstand noch nicht verstanden hat. Um diesen Fehler zu vermeiden, sollte im Voraus gut überlegt werden, welches Material für das Verständnis eines Lerngegenstandes besonders förderlich ist. Bei der Auswahl können die nachfolgenden Kriterien helfen. Im Unterricht verwendete Anschauungsmittel sollten

- von der handelnden in die bildliche Repräsentationsebene übertragungsfähig sein, sodass es keinen Bruch in den Darstellungsformen gibt,
- die Struktur der Zahlenräume klar verdeutlichen (z. B. Kraft der 5, Kraft der 10), sodass sie Kinder zum Strukturieren und nicht zum Abzählen motivieren,
- systematisch aufeinander aufbauen, sodass ein (schuljahresübergreifender) Einsatz in verschiedenen Zahlenräumen möglich ist und
- das Verständnis des dezimalen Stellenwertsystems unterstützen (z. B. klare Unterscheidung von Zehnern und Einern).

Im (inklusiven) Mathematikunterricht sollten den Schülerinnen und Schülern grundsätzlich immer Darstellungsmittel zur Verfügung stehen, sofern sie diese benötigen. Dazu gilt es, den Umgang mit ihnen von Anfang an zu kultivieren. Keinesfalls sollte es als Schwäche aufgefasst werden, wenn ein Kind eine Visualisierungshilfe nutzt, sondern vielmehr als Zeichen, dass es noch mehr Zeit benötigt, um eine mentale Vorstellung des mathematischen Sachverhaltes zu entwickeln.

Aus der Schulpraxis ...

Frau Müller möchte verschiedene Rechenstrategien der Aufgabe 6 + 6 mit ihrer Klasse besprechen. Sie überlegt, welches die beste Möglichkeit ist, um die Lösungswege für jedes Kind nachvollziehbar darstellen zu können. Sie entscheidet sich, ein Zwanzigerfeld mit Wendeplättchen zu benutzen, weil dadurch insbesondere der kardinale Aspekt der Zahlen betont wird.

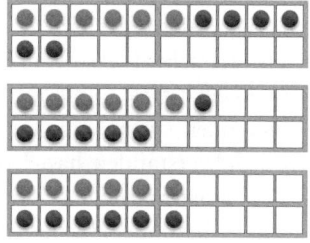

Die Kinder finden drei verschiedene Rechenwege. Ein Kind legt 6 Plättchen in das Feld, füllt die Reihe bis zur 10 auf und legt die restlichen 2 Plättchen in die zweite Reihe. Dieses Vorgehen entspricht der Strategie »Zehnerstopp«, also der Zerlegung der Aufgabe in 6 + 4 + 2. Ein zweites Kind nutzt die »Kraft der Fünf«, füllt also zwei Fünfer auf und addiert die übrigen zwei

> Plättchen. Es rechnet somit 5 + 5 + 2. Ein weiteres Kind erkennt, dass 6 + 6 eine »einfache« Verdopplungsaufgabe ist. Es legt die beiden Summanden daher in zwei Reihen untereinander.

3.5 Adaptive Sozialformen

Im Zentrum des Konzepts Inklusion stehen das Miteinander und die Teilhabe eines jeden daran. Daraus erwächst der Anspruch an einen inklusiven (Mathematik-)Unterricht, gemeinschaftliche Lernangebote für alle Schülerinnen und Schüler einer Klasse zur Verfügung zu stellen. Allerdings muss angezweifelt werden, ob Gruppensituationen in jedem Fall geeignet sind, um den individuellen Förderbedürfnissen eines jeden Kindes gerecht zu werden. Es eröffnet sich also ein Spannungsfeld zwischen *gemeinsamem* und *individualisiertem* Lernen (Wocken, 1998). Daraus resultiert die Frage, wie individualisiert ein gemeinsamer, auf Austausch basierender Unterricht sein darf, oder anders herum: Wie viel gemeinsames Lernen kann zugestanden werden, ohne die individuellen Bedürfnisse der Kinder aus den Augen zu verlieren?

Zwar geht es in den nachfolgend aufgeführten Schriften von Feuser (1995) und Wocken (1998) jeweils um den *integrativen* Unterricht, die dort erarbeiteten Überlegungen werden hier jedoch vor dem Hintergrund einer *inklusiven* Schule neu interpretiert.

Nach Feuser (1995) besteht die *Gemeinsamkeit* im integrativen Unterricht in der Arbeit an gleichen Inhalten, wobei sich die *Individualisierung* in unterschiedlichen Zielen ausdrückt, die die Kinder erreichen, also im Grad der Ausprägung der »Fertigkeiten, Erkenntnisse und Qualifikationen« (S. 35). Dies kann insbesondere durch die Arbeit in Projekten erfolgen, in welchen Kinder die Möglichkeit erhalten, eigene Fähigkeiten einzubringen und somit zum gemeinsamen Werk beizutragen. Feuser betont damit in erster Linie den Aspekt der Gemeinsamkeit im Unterricht. Entsprechend hoch fällt der Anteil gemeinschaftlicher Sozialformen aus.

Wocken (1998) hingegen zweifelt an, dass schulische Integration ausschließlich über das kooperative Arbeiten am gleichen Gegenstand gekennzeichnet ist. Entsprechend muss zudem zwischen koexistenten (individuelle Handlungspläne; wenig sozialer Austausch), kommunikativen (reaktiver sozialer Austausch; keine verfolgten Pläne) und subsidiären (individuelle Handlungspläne; mit punktueller Unterstützung) Lernsituationen unterschieden werden. Alle skizzierten Formen sind dabei unterrichtliche Realität, also auch im Schulalltag beobachtbar, und haben – mehr oder weniger stark – ihre jeweilige Berechtigung in gemeinsamen Unterrichtsprozessen.

Ein inklusiver (Mathematik-)Unterricht muss somit als Zusammenspiel von *gemeinsamen* Lernsequenzen (z. B. Gruppenarbeiten an gemeinsamen Themen oder Projekten) und individualisierten Einzelarbeitsphasen (z. B. an individuellen Lernzielen oder Themen) verstanden werden. Die Lehrkraft steht vor der Aufgabe, zu entscheiden, welche Lernsituation in welchem Kontext geeignet erscheint, um genügend Gemeinsamkeit und zugleich ein hohes Maß an Individualität sicherzustellen.

Vergleichsweise häufig werden koexistente und subsidiäre Lernsituationen im gemeinsamen Unterricht zu beobachten sein. So ist das Arbeiten mit Tages- oder Wochenplänen insbesondere auch im Grundschulbereich sehr beliebt, ebenfalls das innere Differenzieren auf mehreren Niveaustufen (koexistent). Ebenfalls sind Helfer- oder Begleitsysteme unter den Schülerinnen und Schülern nicht selten (subsidiär). Dabei erscheint das kooperative Lernen als besonders bedeutsam für den inklusiven Unterricht, da es im Schnittfeld der unterschiedlichsten Auffassungen gemeinsamen Unterrichts liegt. Kooperativ bezieht sich in diesem Zusammenhang auf die soziale Interaktion von Kindern untereinander. Von kooperativem Lernen ist demnach dann die Rede, wenn Kinder zusammen an gemeinsamen Lernzielen arbeiten (Johnson & Johnson, 1999). So beschreibt auch Benkmann (2009):

>»*Auf diese Weise kann das Potenzial des Lernens der Kinder von- und miteinander genutzt und die Entwicklung wechselseitiger sozialer Anerkennung, von Respekt und Moral, sozialer Kompetenzen und Fertigkeiten gefördert werden. Die Teilnahme am gemeinsamen Kind-Kind-Lernen verhindert, dass Schüler mit besonderem Förderbedarf an den Rand gedrängt oder isoliert werden und das Ziel des Gemeinsamen Unterrichts verfehlt wird.*« (S. 152)

Insgesamt bleibt anzumerken, dass vorliegende Studien zum Einsatz kooperativer Lernformen kein einheitliches Bild zur Wirksamkeit auf die akademischen Leistungen ergeben (zusammenfassend s. Büttner, Warwas & Adl-Amini, 2012), wobei eher ein Trend zu positiven Effekten zu erkennen ist (u. a. Kyndt et al., 2013). Hier sticht das sogenannte Peer Tutoring bzw. tutorielle Lernen (u. a. Grünke, 2006; Hattie, 2013) besonders hervor. Die Unterschiede beschreiben Büttner et al. (2012) wie folgt:

> »*Beim* kooperativen Lernen *wird in Gruppen gearbeitet. Die Zielsetzung besteht darin, Schülerinnen und Schüler gemeinsam Unterrichtsstoff erarbeiten zu lassen. Die Gruppenmitglieder teilen das gemeinsam erarbeitete Wissen.* Peer Tutoring *findet in der Regel in Dyaden statt. Die Zielsetzung besteht hier darin, mit stark strukturierten Aktivitäten und Materialien sowohl Lernstoff, der im Unterricht von der Lehrkraft bereits thematisiert worden ist, als auch Basisfertigkeiten einzuüben. Eine der beiden Personen übernimmt die Rolle der Lehrkraft (Tutor), von der die andere Person (Tutee) unterrichtet wird.*« (Hervorhebung im Original, o. S.)

Geht es also um die Frage nach geeigneten Sozialformen im inklusiven Mathematikunterricht, kann zusammenfassend konstatiert werden:

- Grundsätzlich sollte ein inklusiver (Mathematik-)Unterricht eine möglichst hohe Teilhabe aller Kinder einer Klasse in gemeinsamen Lernsituationen schaffen.
- Im Sinne Wockens (1998) ist in Abhängigkeit des Lernziels und -gegenstands zu überlegen, welche Form gemeinsamer Lernsituationen geeignet ist, um genügend Gemeinsamkeit und zugleich ein hohes Maß an Individualität zu ermöglichen. In diesem Zusammenhang sind Aspekte der Lenkung durch die Lehrkraft (▶ Merkmal »Adaptive Lehrkraftlenkung« in Kap. 3.2), der Differenzierung (▶ Merkmal »Angemessene Differenzierung« in Kap. 3.8), aber auch der Kommunikation (▶ Merkmal »Kommunikations- und Feedbackkultur« in Kap. 3.6) zu berücksichtigen.
- Im Sinne Feusers (1995) ist zu fragen, welcher gemeinsame Lerngegenstand existiert. Dies ist mitunter nicht einfach festzulegen, insbesondere beim Umgang mit einer sehr großen Heterogenität in Lernvoraussetzungen bzw. bei der zieldifferenten Beschulung einzelner

Kinder. Häufig wird das Unterrichtsgeschehen hierbei in koexistenten Lernsituationen münden. Jedoch ist darauf zu achten, regelmäßig Lernumgebungen zu arrangieren, die Raum für gemeinsame Aktivität oder Kommunikation in der Klasse lassen. Dies könnte beispielsweise die Diskussion über mathematische Aspekte in Alltagssituationen oder das Erkennen mathematischer Strukturen oder Regelmäßigkeiten in unterschiedlichen Zahlenräumen sein.

- Im Rahmen des inklusiven Mathematikunterrichts an der Grundschule sei insbesondere auf die Vorzüge der sogenannten *natürlichen Differenzierung* (▶ Merkmal »Angemessene Differenzierung« in Kap. 3.8) hingewiesen, welche Ausgangspunkte für ein gemeinsames Arbeiten im Sinne Wockens (in kooperativen, koexistenten oder subsidiären Lernsituationen) sowie im Sinne Feusers (am gleichen Lerngegenstand) bilden.
- Aus mathematikdidaktischer Sicht können sogenannte Lernumgebungen (Hirt & Wälti, 2016; ▶ Merkmal »Kompetenzorientierung« in Kap. 3.1) ein inklusives Moment im Mathematikunterricht bilden. Auch hierbei müssen jedoch Fragen der Aufgabenformulierung und ggf. -abwandlung für einzelne Schülerinnen und Schüler, der notwendigen und möglichen Arbeitsmittel sowie der Kooperationsformen vonseiten der Lehrkraft geklärt werden.

Aus der Schulpraxis ...
Vor einiger Zeit hatte Frau Müller eine interessante Methode für den Unterricht entdeckt. Sie stammt aus den USA und nennt sich »Bookends« (zu Deutsch: Buchstützen).

Dabei wird die Unterrichtsstunde in verschiedene Phasen segmentiert. Zunächst erfolgt eine Themeneinführung mittels des Advance Organizers (nach Ausubel, 1960). Dabei handelt es sich um eine im Voraus (»in advance«) gegebene Strukturierungshilfe bei der Einführung neuer Inhalte, die der Transparenz sowie der Aktivierung des Vorwissens der Schülerinnen und Schüler dient. Üblicherweise werden Bilder oder zentrale Begriffe zu einer »kognitiven Landkarte« zusammengefügt und erlauben damit einen Überblick über die neuen Lerngegenstände.

3.5 Adaptive Sozialformen

Es folgen im Wechsel Phasen des Lehrervortrags und des Austauschs der Schülerinnen und Schüler in Paaren. Schließlich werden die Stundeninhalte im Rahmen einer gemeinsamen Diskussion in der Klasse zusammengefasst.

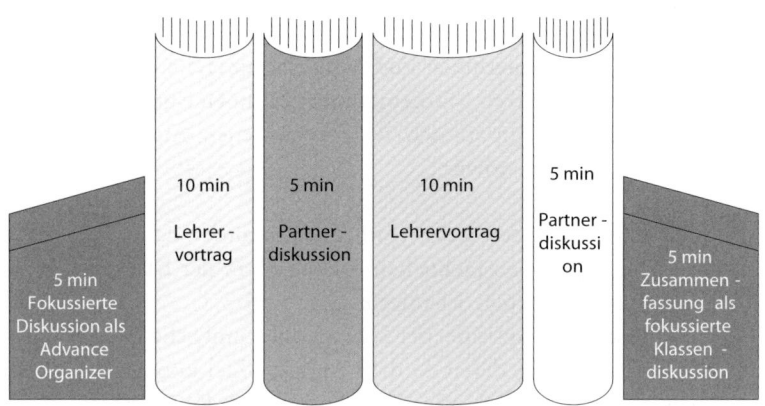

Abb. 7: Die Bookends-Methode

Frau Müller sieht in dieser Methode eine gute Möglichkeit, den Austausch zwischen den Kindern und damit die Gemeinschaft zu stärken. Damit nicht immer nur die gleichen Kinder miteinander zu tun haben, variiert Frau Müller stetig die Paarzusammensetzungen.

Der erste Versuch der Umsetzung dieses Konzepts in Frau Müllers Klasse hatte nicht wirklich funktioniert, es wurde sehr laut und wirkte alles in allem eher durcheinander. Auch hatte sie zunächst Schwierigkeiten, die Verantwortung für den Lernprozess in die Hände der Kinder zu legen. Nun findet Frau Müller die gemeinschaftlichen und mehr durch die Kinder selbstbestimmten Lernphasen sehr hilfreich für ihren Unterricht und hat sich mit der damit verbundenen eher moderierenden Rolle angefreundet.

3.6 Kommunikations- und Feedbackkultur

»Verwende Dialog anstelle von Monolog!« heißt eine der zehn postulierten Haltungen für erfolgreiches Denken und Handeln von Lehrpersonen nach Hattie und Zierer (2017, S. 85). Diese Aussage kann durch unterschiedliche empirische Befunde gestützt werden. Dass der Kommunikation zwischen Schülerinnen und Schülern untereinander sowie mit der Lehrkraft im inklusiven Mathematikunterricht eine große Bedeutung zukommt, wurde zudem in den vorangegangenen Ausführungen an verschiedenen Stellen deutlich:

- So sind beispielsweise »gute« Aufgaben mitunter dadurch gekennzeichnet, dass sie einen fachlichen Austausch in der Klasse evozieren (▶ Merkmal »Kompetenzorientierung« in Kap. 3.1).
- Kommunikative Fähigkeiten der Schülerinnen und Schüler sind zudem Voraussetzung sowie deren Aufbau zugleich Ziel kooperativer Lernformen (▶ Merkmal »Adaptive Sozialformen« in Kap. 3.5).
- Nicht zuletzt ist das Kommunizieren als eine zentrale allgemeinmathematische Kompetenz in den Bildungsstandards der KMK (2005) ausgewiesen (▶ Merkmal »Kompetenzorientierung« in Kap. 3.1).

Die Bedeutung der kommunikativen Interaktion im Mathematikunterricht lässt sich darüber hinaus auch aus einer Reihe von Forschungsbefunden ableiten, welche die Effekte des Verbalisierens von Lernprozessen auf die mathematischen Leistungen – insbesondere auch bei Kindern mit Lernschwierigkeiten – nachweisen (z. B. Gersten et al., 2009;). So geben Gersten et al. (2009) an, dass eine systematische Motivation der Kinder, ihre Überlegungen, Vorgehensweisen und Strategien beim Rechnen zu erläutern, eine durchschnittliche Effektstärke von $d = 1.04$ auf die mathematische Leistungsentwicklung hat. Dem Verbalisieren der eigenen Denk- und Lösungswege sollte demnach im inklusiven Mathematikunterricht besondere Beachtung zukommen. Dieses »laute Denken« fordert den Schülerinnen und Schülern ab, erforderliche Teilschritte im Problemlösungsprozess zu identifizieren, diese zu bearbeiten und die Sinnhaftigkeit der Herangehensweise darlegen zu können. Zugleich hilft das

Verbalisieren, gegebene Problemstellungen oder eigene Denkweisen und Problemlöseschritte zu reflektieren. Ebenso gibt es die Gelegenheit, die Gedanken und Ansätze anderer Klassenkameradinnen und Klassenkameraden nachzuvollziehen und sich alternative Denkweisen anzueignen. Ein weiterer Vorteil ist in der Information für die Lehrkraft zu sehen, die durch das laute Denken der Kinder Einblick in deren mathematisches Verständnis oder Missverstehen erhält.

Die Bedeutsamkeit des Austauschs über Vorgehensweisen und Vorstellungen zwischen den Schülerinnen und Schülern spiegelt sich auch in aktuellen mathematikdidaktischen Forderungen wider, von den Vorzügen der natürlichen Differenzierung und in diesem Zusammenhang genannten Lernumgebungen (▶Merkmal »Kompetenzorientierung« in Kap. 3.1) im inklusiven Mathematikunterricht verstärkt Gebrauch zu machen (Häsel-Weide & Nührenbörger, 2015; Hirt & Wälti, 2016; Wittmann, 2010). Das Kommunizieren der eigenen Vorgehensweisen zur Lösungsfindung stellt hierbei ein zentrales Element dar. In diesem Kontext erwächst die Frage danach, was eine zielförderliche Atmosphäre für die Interaktion der Kinder untereinander ausmacht.

Der hier formulierte Anspruch nach einem fachlich konstruktiven Lernklima setzt bei dem von Meyer (2010) als »lernförderlich« beschriebenen Klima als Merkmal guten Unterrichts an. Dieses ist als Verbindung von gegenseitigem Respekt, verlässlich eingehaltenen Regeln, gemeinsam geteilter Verantwortung, Gerechtigkeit und Fürsorge der Lehrperson gegenüber der Klasse und den einzelnen Schülerinnen und Schülern sowie der Kinder untereinander gekennzeichnet (ebd.). Eng damit verknüpft sind das Verständnis von Fehlern der Schülerinnen und Schüler im Lernprozess und der Umgang mit ihnen im Unterricht. Diese beiden Aspekte werden in nachfolgender Infobox 3 thematisiert.

Infobox 3: Zum Umgang mit Fehlern im Mathematikunterricht (nach Voß et al., 2015, S. 94)

In der Schule gilt die Abwesenheit von Fehlern häufig als ein Hinweis auf Gelerntes, Verstandenes und Gewusstes und führt zu guten Bewertungen. Je mehr Fehler gemacht werden, umso schlechter wird in der Regel die Bewertung ausfallen (Weingart, 2004). Es ist also nicht verwunderlich, dass Fehler überwiegend mit negativen Emotionen wie Angst, Ärger oder Scham assoziiert sind. Der eigentliche Fehler wäre aber, Schülerfehler vermeiden zu wollen. Es gehört zum Wesen des Lernens, Fehler zu machen, sie zu erkennen und zu korrigieren (Donaldson, 1991; Oser & Spychiger, 2005). Für den Umgang mit Fehlern im Unterricht heißt dies, dass diese als notwendige Begleiterscheinungen in Lernprozessen akzeptiert werden müssen. Sie sind die Informationsquelle für Verständnisprobleme und geben so wichtige Hinweise auf den Entwicklungsstand des Kindes sowie für die Organisation des weiteren Lernprozesses. Es liegt in der Verantwortung der Lehrperson, den Rahmen für eine produktive Fehlerkultur im Unterricht zu spannen (Steuer, 2014). Dazu gehört, im Unterricht bzw. in der Förderung druckfrei mit Fehlern umzugehen. Dennoch benötigen Kinder Rückmeldungen zu auftretenden Fehlern, da sie manchmal nicht in der Lage sind, diese selbst zu erkennen (Wittmann, 2011). Generell sollten typische Fehler sowie deren Ursachen im Unterricht besprochen werden. Nicht ausschließlich zur Fehlervermeidung, sondern vielmehr zur Verständnissicherung sollten fehlerhafte Lösungswege anhand folgender Leitfragen besprochen werden: Findest du einen Fehler? Wo ist ein Fehler begangen worden? Wie kommt es zu diesem Fehler? Wie lässt sich der Fehler beheben bzw. umgehen?

Auch der Lehrperson unterlaufen Fehler. Dies ist menschlich und sollte offen zugegeben und ebenso besprochen werden. Erst wenn diese Aspekte gewährleistet sind, kann man von einer produktiven Fehlerkultur reden.

Ein besonders herausfordernder Aspekt im Zusammenhang mit der Kommunikationskultur im Unterricht ist im lernbezogenen Feedback zu sehen. Wenngleich es in verschiedener Form in großer Selbstverständlichkeit im schulischen Alltag zu finden ist, verdeutlicht die Forschung, dass lernförderliches Feedback zu geben durchaus eine komplexe Angelegenheit ist. Die umfassende empirische Befundlage zum Feedback zusammenfassend, kommen Hattie und Zierer (2017) zu dem Schluss, dass Feedback insbesondere dann eine positive Wirkung (durchschnittliche Effektstärke von $d = 0.75$) auf das Lernen entfalten kann, wenn es sich weniger auf den Feedbacknehmenden als Person bezieht (wobei dies für die Beziehung von Lehrkraft und Kind durchaus nützlich sein kann), sondern auf die gelösten Aufgaben, den Lernprozess und die selbstregulativen Fähigkeiten eines Kindes. Hinzu kommt eine zeitliche Perspektive, die beim Vergeben von Feedback bedacht werden sollte. Hattie und Timperley (2007) unterscheiden hier das »Feed Back« (vergangenheitsbezogen), das »Feed Up« (gegenwartsbezogen) und das »Feed Forward« (zukunftsbezogen). In einer Feedbackmatrix fassen Hattie und Zierer (2017) die angeführten Ebenen des Feedbacks sowie deren zeitliche Perspektiven zusammen (▶ Tab. 2). Im Zusammenspiel dieser Ebenen und Perspektiven kann und sollte ein *vollständiges* Feedback erfolgen.

Tab. 2: Feedbackmatrix nach Hattie und Zierer (2017, S. 143)

		Ebenen des Feedbacks		
		Aufgabe	**Prozess**	**Selbstregulation**
Perspektiven von Feedback	Vergangenheit (»Feed Back«)	Wo zeigt sich im Hinblick auf die Ziele und Inhalte ein *Fortschritt*?	Wo zeigt sich im Hinblick auf die Leistungserbringung ein *Fortschritt*? Gibt es Hinweise auf eine bessere Bearbeitung?	Wo zeigt sich im Hinblick auf die eingesetzten Strategien der Selbstregulation ein *Fortschritt*?
	Gegenwart (»Feed Up«)	Welche Ziele wurden erreicht? Welche Inhalte wurden verstanden?	Wie wurde die Leistung erbracht? Gibt es Hinweise zur Bearbeitung?	Welche Strategien der Selbstregulation wurden erfolgreich eingesetzt?
	Zukunft (»Feed Forward«)	Welche Ziele sind als *nächstes* zu setzen? Welche Inhalte sind als *Nächstes* anzueignen?	Welche Hinweise zur Leistungserbringung sind als *Nächstes* zu geben?	Welche Strategien der Selbstregulation sind als *Nächstes* anzuwenden?

> **Aus der Schulpraxis ... (Beispiel angelehnt an Ebdon, Coakley & Legnard, 2003)**
> Frau Müller hat – jeweils zur Aufwärmung – in den Mathematikstunden kurze mathematische Gespräche eingeführt. Sie nennt diese kurze Rubrik »Rechenreisen«. Die Schülerinnen und Schüler wissen dadurch immer gleich, was auf sie zukommt. Während dieser Gespräche sollen die Kinder ihrer Klasse über ihr Verständnis über vorgegebene mathematische Situationen und Probleme in Austausch kommen. Es sollen eigene Ergebnisse und Lösungszugänge präsentiert und argumentativ vertreten werden.
>
> Hierzu schrieb Frau Müller beispielsweise einmal folgende Aufgabe an die Tafel: $16 \cdot 4 = ?$ Innerhalb von 5 Minuten haben die Schülerinnen und Schüler in eigens dafür angelegten »Logbüchern« ihren Lösungsweg und das Ergebnis notiert. Auf freiwilliger Basis haben zwei Kinder ihre Lösungswege offengelegt – Ein Schüler hat $16 + 16 + 16 + 16$ gerechnet, eine andere Schülerin hat die Aufgabe in $16 \cdot 2 + 16 \cdot 2$ zerlegt. Frau Müller hat diese Zugänge an der Tafel festgehalten. Die Logbücher sammelt Frau Müller regelmäßig ein, um einen Eindruck über die Rechenwege aller Kinder zu erhalten.
>
> Als eine andere Möglichkeit zum Austausch über mathematische Sachverhalte baut Frau Müller manchmal bewusst Fehler in ihre eigenen Ausführungen und Erklärungen ein. Sie möchte herausbekommen, ob die Kinder diese bemerken und wie sie diese »entlarven« und korrigieren. Natürlich löst sie die Fehler auf, sollte niemand sie bemerken.

3.7 Strukturiertes Üben

»Übung macht den Meister« heißt es oft, wenn es um das Erlernen einer Fähigkeit oder einer Fertigkeit geht. Diese kurze Redewendung klingt lapidar und tatsächlich birgt sie eine Reihe bedeutsamer Aspekte, die auch im derzeitigen Diskurs zum schulischen Lernen hochrelevant sind:

- Der Ausspruch bezieht sich zunächst auf das Lernen im Allgemeinen, ganz gleich, ob im schulischen oder außerschulischen Kontext.
- Das Üben als wiederholende Tätigkeit wird als zentrale Schlüsselkomponente herausgearbeitet.
- Das Üben ist zudem zweckgebunden, es soll zu einem erfolgreichen Lernprozess führen.

Daraus resultieren verschiedene Fragen, auf die im nachfolgenden Abschnitt eingegangen werden soll: Wie vollzieht sich Lernen und welche Rolle spielt dabei das Üben? Wodurch ist erfolgreiches Üben gekennzeichnet? Wie kann das Erreichen eines Lernziels sichergestellt werden?

Wie sich Lernen vollzieht wurde bereits in Kapitel 2.1 beleuchtet. Dort wurde die Bedeutung des strukturierten Wiederholens oder auch Übens bei der Konstruktion eines Wissensnetzes deutlich.

Wodurch ist erfolgreiches Üben gekennzeichnet?

Das Üben spielt eine entscheidende Rolle beim Lernen im Allgemeinen, so auch bei der mathematischen Kompetenzentwicklung im Speziellen. Entsprechend hoch sollte demnach der Stellenwert des Übens im Unterricht ausfallen (Wittmann & Müller, 2012d). Sorrentino, Linser und Paradies (2009) beziffern den Umfang von Übungsphasen im Unterricht im Allgemeinen auf zumindest 50 %. Die verbleibende Unterrichtszeit nehmen Einstiegs-, Erarbeitungs- sowie Ergebnissicherungsphasen ein. Geht es um das Üben, ist jedoch nicht nur relevant, *wie oft* geübt wird, sondern vor allem auch *was* und *wie* (Scherer, 2014a).

Hinsichtlich der Frage nach dem »*Wie oft*« ist generell festzuhalten, dass Wiederholung die Chance der Verankerung im Langzeitgedächtnis erhöht. Erfolgreiches Lernen bedarf daher »der absichtsvollen, wiederholten, aufmerksamen Auseinandersetzung mit einzelnen Lerngegenständen in *ähnlichen* und *unterschiedlichen* Aneignungssituationen« (Hartke, 2010, S. 22; Hervorhebungen im Original). Zur langfristigen Verankerung und Abrufbarkeit von mathematischem Wissen sollten also vor allem Grundlagenwissen und Basiskompetenzen regelmäßig wiederholt werden. Dies ist auch schuljahresübergreifend von hoher Relevanz, d. h.

unabhängig davon, ob diese Basiskompetenzen thematisch vom aktuellen Unterrichtsgeschehen abweichen (Voß et al., 2015). Auch Hattie (2013) betont, dass rhythmisiertes bzw. verteiltes Üben effektiver und damit sinnvoller ist als geballtes bzw. komprimiertes Üben. Generell ist es zweckmäßig, Übungsroutinen aufzubauen und damit dem Übungsaspekt einen festen Bestandteil im Unterricht zu geben. Ein klassisches Format für rhythmisiertes Üben ist die tägliche Übung, die vielerorts im Unterricht ihren Platz innehat. Dass diese facettenreich gestaltet werden kann, zeigt das Praxisbeispiel am Ende dieses Abschnitts.

Geht es um die Frage nach dem »*Was*«, muss grundlegend zwischen verschiedenen Formen des Übens unterschieden werden, die hinsichtlich ihrer Zielstellungen variieren. Entsprechend den Bildungsstandards (KMK, 2005) zielt der Mathematikunterricht grundsätzlich darauf ab, dass alle Kinder Regelmäßigkeiten, Strukturen und Gesetze erkennen, nachvollziehen, beschreiben und nutzen können. Im Rahmen des Mathematikunterrichts in heterogenen Klassen ist jedoch zu beachten, dass insbesondere Basisfertigkeiten, Wissens- und Begriffssysteme, metakognitive Fähigkeiten und Motivation die Bereiche ausmachen, »in denen lerngestörte Kinder markante Defizite aufweisen« (Lauth, Brunstein und Grünke, 2014, S. 20). Derartige Defizite stellen Hindernisse im Verständniserwerbsprozess dar, welche bei der Gestaltung erfolgreicher Lernprozesse besonderer Beachtung bedürfen. Insofern ist neben dem verständnisorientierten insbesondere im Üben zentraler Basiskompetenzen eine Kernaufgabe eines inklusionsförderlichen Mathematikunterrichts zu sehen.

Grob kann das Üben also in Aneignungsphasen und Automatisierungsphasen unterteilt werden, welche elaborierendes bzw. produktives oder mechanisches bzw. automatisierendes Üben erfordern (Edelmann, 2000; Wittmann & Müller, 2012d). Beide Formen müssen wohl überlegt und dosiert im Unterricht eingesetzt werden. Ziel soll eine gesicherte Einsicht in den Lerngegenstand sein, um das bloße, möglicherweise unreflektierte Abarbeiten von Lösungsprozeduren und Algorithmen zu vermeiden. Insbesondere produktive Übungen dafür geeignet, mathematische Regelmäßigkeiten, Strukturen und Gesetze zu erkennen. Sie sollten entsprechend verstärkt in Unterricht und Förderung genutzt werden, um ein tiefgreifendes Verständnis zu entwickeln. Detaillierte Ausführungen zum produktiven Üben sind in Kapitel 4.2 zu finden.

3.7 Strukturiertes Üben

Die Frage nach dem *Wie* des Lernens ist eng verknüpft mit der eingangs aufgestellten Frage: *Wie kann das Erreichen eines Lernziels sichergestellt werden?*

Eine Synthese der vorangegangenen Informationen könnte wie folgt lauten: »Übe oft, wiederholend, ausreichend, abwechslungsreich, herausfordernd und vermeide Überforderung«. Das klingt zunächst simpel wie auch einleuchtend, jedoch erfordert die Gestaltung des Übungsprozesses – insbesondere bei der Förderung von Kindern mit Schwierigkeiten im Mathematiklernen – Entscheidungen in unterschiedlichen Spannungsfeldern. Diese Spannungsfelder einschließlich wesentlicher Aspekte zur Sicherstellung eines erfolgreichen Übungsprozesses sind in folgender Tabelle 3 aufgeführt.

Tab. 3: Zentrale Aspekte bei der Planung von Übungsphasen im Mathematikunterricht

Einerseits ist zu beachten, dass ...	Andererseits gilt, dass ...
... Übungsphasen klar strukturiert sein müssen.	... Schülerinnen und Schülern zugestanden werden sollte, Rechenwege im praktischen Versuch kreativ zu erarbeiten und diese Freiheit flexibel zu nutzen.
... Übungsphasen ausreichend Platz im Unterricht gewidmet werden sollte.	... einzelne Übungsphasen nicht zu lang ausfallen sollten, da andernfalls die Motivation der Kinder am Lernen verringert werden könnte. Vorteilhafter sind häufige, dafür kurze Übungsphasen.
... die Aufgaben die Kinder herausfordern.	... die Übungsaufgaben nicht zur Überforderung führen dürfen. Dies kann auf Dauer zu mangelnder Motivation und einem geminderten Selbstkonzept führen.
... die Aufgaben weitgehend reizreduziert gehalten sind.	... Übungsaufgaben motivierend sein sollten, sodass die Kinder auch in längeren oder oft wiederholten Übungsphasen »am Ball bleiben«. Hierzu ist es wichtig, dass die Aufgaben dem Alter sowie der Lebenswelt angepasst und darin ausreichend abwechslungsreich sind.

Tab. 3: Zentrale Aspekte bei der Planung von Übungsphasen im Mathematikunterricht – Fortsetzung

Einerseits ist zu beachten, dass ...	Andererseits gilt, dass ...
... Übungen – je nachdem, wie sicher ein Lerngegenstand bereits beherrscht wird – auf unterschiedlichen Abstraktionsniveaus (begleitet durch Handlungen, durch Strukturierungshilfen, oder aber auf formaler Ebene) und Leistungsniveaus (Steigerung von leichten zu schweren bzw. einfachen zu komplexeren Aufgaben) angeboten werden.	... die Wahl und Bandbreite der Repräsentationsformen, Darstellungsmittel und Strukturierungshilfen wohl überlegt sein sollte (▶ Merkmal »Abstraktionsprozesse unterstützende Darstellungsmittel« in Kap. 3.4).
... der Einsatz neuer Medien im Übungsprozess, z. B. im Sinne einer gesteigerten Arbeitsmotivation, durchaus hilfreich ausfallen kann.	... der Einsatz von Medien keinen Selbstzweck erfüllt, sondern systematisch abgewogen werden muss, ob die weiteren unterrichtlichen Entscheidungen durch ihn sinnvoll ergänzt werden.
... Kinder in Übungsphasen nicht allein gelassen werden, sondern bei Bedarf durch die Lehrperson oder auch eine Tutorin bzw. einen Tutor unterstützt werden. Dies betrifft Tipps bei der Wahl von Hilfs- und Darstellungsmitteln, Erläuterungen oder auch Feedback zur Lösung und zum Lösungsweg.	... den Kindern die Arbeit nicht abgenommen, sondern jeweils hinreichend Zeit zugestanden werden soll, um verschiedene Rechenzugänge zu probieren und zu reflektieren. Ein zu schnelles Präsentieren der korrekten Lösung führt zu einer nur geringen Auseinandersetzung mit dem mathematischen Sachverhalt.
... Sachzusammenhänge bzw. mathematische Muster und Strukturen sowie Operationen anhand idealtypischer Beispiele bearbeitet werden. Dies erhöht die Chance, dass tiefes mathematisches Verständnis aufgebaut werden kann.	... auch falsche Lösungsbeispiele oder unlösbare Aufgaben (z. B. »Kapitänsaufgaben«) bearbeitet, eingeschätzt und beurteilt werden sollten. Hierdurch lernen Kinder, Rechenwege nachzuvollziehen sowie die eigenen und fremde Rechenstrategien kritisch zu reflektieren.
... Übungsphasen anfänglich durch lautes Denken begleitet werden können, um somit individuelle	... in der Klasse ein kommunikationsförderliches Klima vorherrschen sowie insbesondere ein produktiver Umgang mit

3.7 Strukturiertes Üben

Tab. 3: Zentrale Aspekte bei der Planung von Übungsphasen im Mathematikunterricht – Fortsetzung

Einerseits ist zu beachten, dass …	Andererseits gilt, dass …
Rechenwege nachvollziehen zu können. Dies muss nicht zwangsläufig unter Aufsicht der Lehrperson geschehen, sondern kann auch im Tandem oder in einer Kleingruppe organisiert sein.	Rechenfehlern gewährleistet sein sollte (▶ Merkmal »Kommunikations- und Feedbackkultur« in Kap. 3.6).
… es mitunter notwendig ist, verstärkt und kleinschrittig Basiskompetenzen mit einzelnen Kindern einzuüben.	… keine isolierten Lerngegenstände vermittelt werden sollten (Wissensinseln). Die Schülerin bzw. der Schüler muss Teilaspekte oder -schritte immer in größere Konzepte bzw. das »Große und Ganze« einordnen können.
… grundlegende Basiskompetenzen oft wiederholt werden sollten, um deren Verfügbarkeit langfristig zu sichern.	… diese Basiskompetenzen nicht nur punktuell, sondern schuljahresübergreifend eingeübt werden müssen.
… Übungsphasen durch regelmäßige Kontrolle und Feedback begleitet werden müssen.	… nicht jede Form des Feedbacks dem Lernprozess zuträglich ist. Die Frage, wie Feedback aufgebaut sein sollte, wird im Merkmal »Kommunikations- und Feedbackkultur« in Kapitel 3.6 differenziert beschrieben.
… Möglichkeiten der Selbstkontrolle genutzt werden sollten. Dies stärkt das Verantwortungsbewusstsein gegenüber dem eigenen Lernprozess und schafft der Lehrkraft Freiräume im Unterricht.	… das selbstverantwortliche Lernen verschiedener Voraussetzungen bedarf und geübt werden muss. Selbstkontrolle ist besonders dann effektiv, wenn nicht nur Prüfzahlen abgeglichen, sondern mathematische Muster und Beziehungen kontrolliert werden müssen.
… der Übungsprozess sich nicht nur auf die Schule beschränken sollte. Ebenso sollten Übungsphasen zuhause vorgesehen werden.	… diese Übungsphasen strukturiert sowie angepasst an schulische Inhalte und Vorgehensweisen sein müssen. Hier ist eine besondere Absprache mit den Eltern notwendig, beispielsweise zu im Unterricht vermittelten Rechenstrategien oder ver-

Tab. 3: Zentrale Aspekte bei der Planung von Übungsphasen im Mathematikunterricht – Fortsetzung

Einerseits ist zu beachten, dass ...	Andererseits gilt, dass ...
	wendeten Darstellungsmitteln und Strukturierungshilfen sowie zur Übungshäufigkeit und -dauer.

> **Aus der Schulpraxis ...**
> Im Sinne der Idee der täglichen Übung nimmt sich auch Frau Müller jeweils in den ersten fünf bis zehn Minuten einer jeden Mathematikstunde Zeit, um unterschiedliche Denk- oder Rechenanlässe zu schaffen. Manchmal nutzt sie diese Zeit für ihre »Rechenreisen« (▶ Praxisbeispiel zum Merkmal »Kommunikations- und Feedbackkultur« in Kap. 3.6), manchmal führt sie mit den Kindern in dieser Zeit curriculumbasierte Messungen durch (▶ Kap. 4.3.2) und manchmal üben die Kinder im Plenum, in Tandems oder auch allein für sich. Dabei nutzt Frau Müller abwechslungsreiche Übungsmethoden und -formate, wie z. B. Bankrutschen, Lernkarteien, »Stöpselkästen«, »Pappcomputer«, »Alle für einen« oder »Rechendominos« (genaue Beschreibungen s. Sikora & Voß, 2017).

3.8 Angemessene Differenzierung

Die »Fähigkeit zum konstruktiven Umgang mit der wachsenden Heterogenität der Grundschüler« (Terhart, 2006, S. 234) stellt eine der größten Herausforderungen für Grundschullehrerinnen und -lehrer dar. Die große Bandbreite der Leistungsstände in inklusiven Grundschulklassen erfordert einen hochgradig differenzierten, teilweise auch individualisierten, Unterricht (▶ dazu auch Merkmal »Adaptive Sozialformen« in Kap. 3.5). Um diesen zu realisieren, müssen Überlegungen sowohl unter *inhaltlichen* als auch unter *organisatorischen* Gesichtspunkten erfolgen.

3.8 Angemessene Differenzierung

Grundlegend für effektives Lernen ist eine hohe Passung zwischen dem Anforderungsniveau des Unterrichts und dem Leistungsvermögen des Kindes (▶ Merkmal »Förderrelevante Diagnostik« in Kap. 3.3). Da die Schülerinnen und Schüler unterschiedlich schnell lernen, bedarf es der »Bereitstellung eines stärker individualisierten Angebots an Lernmöglichkeiten« (Terhart, 2006, S. 235). Grundsätzlich können Lehrkräfte dazu zwei Varianten der Differenzierung im Unterricht nutzen: die sogenannte *natürliche Differenzierung* sowie *Maßnahmen der Binnendifferenzierung und Individualisierung*

Der Begriff der *natürlichen Differenzierung* wurde erstmals von Wittmann (1994, S. 164) eingebracht. Dieses Prinzip bezeichnet eine Differenzierung »von den Kindern her« (Hengartner, 2004, S. 12), indem Lernangebote bereitgestellt werden, die von jeder Schülerin bzw. jedem Schüler nach ihren bzw. seinen Möglichkeiten individuell wahrgenommen werden können. Krauthausen und Scherer (2013, S. 50 f.) weisen vier Merkmale der natürlichen Differenzierung aus, die in Infobox 4 aufgeführt sind.

Infobox 4: Merkmale der natürlichen Differenzierung nach Krauthausen und Scherer (2013, S. 50 f.)

1. Die gesamte Lerngruppe erhält das gleiche Lernangebot

Damit ist gemeint, dass alle Schülerinnen und Schüler an denselben Fragestellungen arbeiten. Das Themenangebot umfasst offene Aufgaben mit unterschiedlichen Schwierigkeitsgraden, welche jedem Kind nach seinen individuellen Möglichkeiten Anlässe zum Mathematikbetreiben bieten.

2. Das Lernangebot ist inhaltlich ganzheitlich und hinreichend komplex

Die Lernangebote sind nicht in ihre Einzelteile atomisiert und kleinschrittig didaktisch aufbereitet, sondern werden im Ganzen betrachtet. So kann jedes Kind die Komplexität individuell ausschöpfen und sich in seinem Tempo und seiner Durchdringungstiefe die Struktur und damit verbundene Begriffe erarbeiten. Ein Beispiel für ein ganzheitliches Lernangebot ist die Erarbeitung des Zwanzigerraums »in einem Zug« anstelle des isolierten Nacheinanderlernens der Zahlen.

3. Freiheitsgrade der Lernenden

Die Kinder entscheiden selbst über Ansatzpunkte, Vorgehen und Tiefe der Bearbeitung und die Verwendung von Hilfs- und Arbeitsmitteln.

4. Soziales Lernen von- und miteinander

Da die gesamte Klasse am gleichen Kontext arbeitet, können sich die Schülerinnen und Schüler über ihre individuellen Bearbeitungswege austauschen und so gemeinsam tiefer in den Lerngegenstand eindringen.

Das Potenzial der natürlichen Differenzierung soll an einem Beispiel verdeutlicht werden. Im Lehrwerk »Das Zahlenbuch« für das zweite Schuljahr (Wittmann & Müller, 2012b) befindet sich die Aufgabe: »Ich zähle 22 Beine. Wie viele Schafe und wie viele Hühner können es sein?« Von den Kindern sollen mögliche Lösungen gefunden werden. Diese können sie auf verschiedenen Wegen ermitteln, beispielsweise indem sie ausrechnen, wie viele Beine 1, 2, 3, ... Schafe bzw. Hühner haben und dann versuchen, mit den erhaltenen Zahlen auf 22 als Summe zu kommen. Eine einfachere (und völlig »rechenfreie«) Lösungsvariante wäre die Anfertigung einer Skizze, indem sie zuerst 22 Beine zeichnen und diese dann zu Tieren bündeln. Auch eine tabellarische Lösung der Aufgabe wäre möglich. Auf diese Weise werden systematisch alle möglichen Kombinationen gefunden. Deutlich wird, dass verschiedene Wege zum Ziel führen, wobei jede Bearbeitungsform unterschiedliche Lernvoraussetzungen einschließlich einer unterschiedlichen Qualität des Vorwissens voraussetzt. Für leistungsschwächere Kinder wird es erstmal darum gehen, überhaupt eine Lösung zu ermitteln, leistungsstärkere können Ansätze entwickeln, um alle möglichen Kombinationen herauszufinden. Die Aufgabe ist also nicht überfordernd, vielmehr ist eine gewisse Komplexität sogar nötig, um verständnisvolles Lernen in einem sinnvollen Kontext zu ermöglichen (Krauthausen & Scherer, 2013).

Die natürliche Differenzierung zieht ein verändertes pädagogisches Selbstverständnis der Lehrkraft nach sich: Während der Aufgabenbearbeitung kann sie sich zurückziehen und ggf. vereinzelten Kindern

3.8 Angemessene Differenzierung

individuelle Hilfestellungen geben. In einem solchen Unterricht hat die Lehrkraft also eine lernbegleitende, in Auswertungsphasen auch eine moderierende Rolle (▶ auch Merkmal »Adaptive Lehrkraftlenkung« in Kap. 3.2). Sie ist aber bei der natürlichen Differenzierung gerade nicht Regisseurin bzw. Regisseur, welche bzw. welcher die Schülerinnen und Schüler kleinschrittig anleitet. Die Lehrkraft muss die Kinder dabei unterstützen, »ihre Arbeit selbstständig zu organisieren und zu strukturieren. Sie beobachtet das individuelle Lernen der Kinder, gibt weiterführende Impulse und berät bei der Auswahl differenzierter Teilaufgaben. Sie bahnt Gruppenprozesse an und organisiert einen ergiebigen, strukturierten Austausch der Kinder untereinander« (PIK AS, 2009, S. 5).

Zusätzlich zu den aufgezeigten »Differenzierungen vom Kind aus« wird es Situationen geben, in denen *Maßnahmen der Binnendifferenzierung und Individualisierung* durch die Lehrkraft gezielt initiiert werden müssen (▶ Merkmal »Adaptive Sozialformen« in Kap. 3.5). Diese Anpassungen des Unterrichts können sich an einzelne Kinder bzw. an eine Gruppe von Kindern richten. Möglichkeiten sind insbesondere

- der Einsatz individueller Hilfestellungen durch die Lehrkraft,
- Anpassungen der Menge und der Schwierigkeit von Aufgaben sowie darauf bezogene Wahlmöglichkeiten,
- der Einsatz von verschiedenen Lehr- und Arbeitsmitteln mit verschiedenen Abstraktionsniveaus sowie
- die Variation der Sozialform (beispielsweise Helfersysteme).

Maßnahmen der Binnendifferenzierung sind für die Lehrkräfte bedeutend aufwändiger zu realisieren als die oben aufgezeigte natürliche Differenzierung, da für eine Unterrichtsstunde verschiedene Lehrgänge und Materialien geplant und umgesetzt werden müssen. Umso wichtiger ist es, dass das verwendete Lehrwerk Materialien auf verschiedenen Anspruchsniveaus bereithält, auf welches die Lehrkraft zurückgreifen kann (Voß et al., 2015). Ein binnendifferenzierter Unterricht ist somit für die Lehrkraft inhaltlich anspruchsvoll, aber auch organisatorisch stellen Maßnahmen der Binnendifferenzierung eine erhebliche Herausforderung dar. Es gilt, den Unterricht möglichst so zu gestalten, dass die Lehrkraft genügend Freiräume hat, in denen sie einzelne sowie Gruppen von Schülerinnen und Schülern unterstützen kann. »Die Heterogenität innerhalb der Klasse wird im Verlaufe des Lernprozesses durch selbst differenzierende Aufgaben integrativ angegangen und erst in zweiter Linie durch organisatorische Maßnahmen« (Hirt & Wälti, 2016, S. 22). Auf diese Weise wird dem inklusiven Gedanken entsprochen, wo immer es möglich und sinnvoll ist, eine gemeinsame Lernsituation mit möglichst hoher Teilhabe aller Kinder einer Klasse zu schaffen (▶ Merkmal »Adaptive Sozialformen« in Kap. 3.5).

Aus der Schulpraxis ...

Die größte Herausforderung eines differenzierenden Unterrichts ist für Frau Müller dessen Organisation. Schließlich kann sie nicht überall gleichzeitig sein. Sie bildet daher Lerngruppen und lässt leistungsstärkere Kinder zeitweise »Helferinnen« bzw. »Helfer« sein. Andererseits überlegt sie ganz genau, welche Aufgaben sich besonders gut für Differenzierungen eignen. Grundsätzlich versucht sie, ihre Aufgabenstellungen möglichst offen zu formulieren. So kann jedes Kind seinen eigenen Lösungsweg auswählen. Zudem nutzt sie in Übungsphasen häufig produktive Übungsformate wie »schöne Päckchen« oder »Zahlenmauern« (▶ Praxisbeispiel zum Merkmal »Adaptive Lehrkraftlenkung« in Kap. 3.2). Sie stellt den Schülerinnen und Schülern dann oft frei, mit welchen Zahlen sie die Päckchen, Mauern oder Dreiecke füllen wollen. Die leistungsstärkeren Kinder wagen sich meist an sehr große oder besonders schwierige Zahlen und versuchen mit diesen, Ergebnisse zu ermitteln.

3.9 Reagieren auf Lernschwierigkeiten

Der Umgang mit Schwierigkeiten beim Mathematiklernen gehört für viele Lehrerinnen und Lehrer zum Alltag. Dennoch zählt die Förderung schwächerer Schülerinnen und Schüler zu einer der größten Herausforderungen des Mathematikunterrichts. »Obgleich Grundschullehrer meist besonders erfahren darin sind, die Schüler differenziert und entsprechend ihrer individuellen Lernstände zu fördern, gelingt dieses nicht immer erfolgreich« (Koch & Knopp, 2010, S. 100).

Eine notwendige Voraussetzung für eine wirkungsvolle Förderung leistungsschwächerer Schülerinnen und Schüler ist eine präzise Diagnostik. »Frühzeitig zu erkennen, wenn Kinder Schwierigkeiten beim Erlernen mathematischer Begriffe haben, ist vermutlich der wichtigste Schritt auf dem Weg zur Förderung« (Hasemann & Gasteiger, 2014, S. 151). Schließlich verläuft mathematisches Lernen kumulativ und hierarchisch (▶ Kap. 2.2), sodass ein Weiterlernen ohne entsprechendes Vorwissen zum Scheitern verurteilt ist. Mithilfe von regelmäßigen Lernstandsmessungen können die Lücken im Lernprozess aufgespürt werden (▶ Merkmal »Förderrelevante Diagnostik« in Kap. 3.3).

Sind die Gründe für die Schwierigkeiten erkannt, beispielsweise mithilfe der in Kapitel 4.3.3 beschriebenen Maßnahmen, ist eine gezielte Förderung angezeigt. Dabei muss es vorrangig um die Entwicklung von Basiskompetenzen und das Verständnis grundlegender mathematischer Konzepte gehen, welche die Voraussetzung für einen geschickten Umgang mit mathematischen Problemen des Alltags sowie der höheren Schulmathematik darstellen (▶ Merkmal »Kompetenzorientierung« in Kap. 3.1). In der nachfolgenden Infobox 5 werden wesentliche Elemente des Basisstoffes aufgelistet.

Infobox 5: Basisstoff des Mathematikunterrichts der Primarstufe (nach Moser Opitz & Schmassmann, 2016, S. 271)

Zählen, Anzahlerfassung, Zahlbeziehungen

- Zählen (Zahlwortreihe, Zählen von Objekten, kardinales Verständnis)
- Strukturierte Anzahlerfassung, Schätzen
- Zahlbeziehungen: Zahlzerlegung, das Ganze und seine Teile, Unterschied, das Doppelte, die Hälfte

Zahlen, Dezimalsystem, Zahlenraum

- Bündeln und Entbündeln
- Zahlaufbau und Stellenwert, Zusammenhang der Einheiten
- Schreibweise der Zahlen
- Größenvorstellung von Zahlen, Vergleichen, Ordnen, Nachbareinheiten
- Gerade und ungerade Zahlen
- Veranschaulichungen und Arbeitsmittel: Material zum Dezimalsystem, Punktefelder, Hundertertafel, Tausenderbuch, Stellentafel, Zahlenreihe, Rechenstrich, Zahlenstrahl

Grundoperationen

- Operationsverständnis (Mathematisieren)
- Gleichungsschreibweise
- Kopfrechnen Addition/ Subtraktion: Ergänzen auf den nächsten Zehner, Hunderter, Tausender; Verdoppeln und Halbieren
- Kopfrechnen Multiplikation: Aufgaben 2 ·, 5 ·, 10 ·, 100 ·, 1000 · und entsprechende Tauschaufgaben
- Halbschriftliche Strategien: eine Strategie anhand von Veranschaulichungen/ Arbeitsmitteln anwenden

Größenvorstellungen, Maßeinheiten, Sachaufgaben

- Vorkenntnisse Dezimalsystem
- Größenvorstellungen aufbauen
- Beziehungen zwischen den Maßeinheiten, Umgang mit den Einheiten
- Sachaufgaben: Text-, Situationsverständnis, Mathematisieren

Die *direkte Instruktion* wird als besonders wirksame Methode zur gezielten Erarbeitung von Basiskompetenzen sowie zur Aufarbeitung von Lernrückständen angesehen (Grünke, 2006). So geben Kroesbergen und van Luit (2003) in ihrer Metaanalyse diesbezüglich mit d = 0.91 einen hohen Effekt zur Förderung basaler Rechenfähigkeiten an. Die Lerninhalte werden bei der direkten Instruktion in kleinere Einheiten zergliedert und systematisch aufeinander aufbauend mit den Kindern explizit erarbeitet (genaue Beschreibung s. Sikora & Voß, 2017). Dieser Prozess wird stetig mit einem zeitnahen korrektiven Feedback durch die Lehrkraft begleitet (▶ Merkmal »Kommunikations- und Feedbackkultur« in Kap. 3.6).

Aus der Schulpraxis ...
Während einer Übungsphase stellt Frau Müller fest, dass vier Kinder in ihrer Klasse über keine geeignete Strategie verfügen, um Aufgaben des großen Einmaleins sicher lösen zu können. Deshalb beschließt sie, das Lösungsvorgehen direkt instruierend und in Verbindung mit einer Visualisierung am Zahlenstrahl beizubringen. Im Rahmen der Wochenplanarbeit nimmt sich Frau Müller gezielt Zeit zur intensiveren Förderung in der Kindergruppe. Sie beschreibt die Rechenschritte an der Beispielaufgabe $3 \cdot 24$. Sie nutzt einen Zahlenstrahl, um ihr Vorgehen zu veranschaulichen. In einem ersten Schritt wird die zweistellige Zahl in zwei leichter zu multiplizierende Faktoren zerlegt, d. h. $24 = 20 + 4$. Anschließend wird die Aufgabe mit Hilfe der Zerlegung berechnet, d. h. $3 \cdot 24 = 3 \cdot (20 + 4) = 3 \cdot 20 + 3 \cdot 4 = 60 + 12 = 72$.

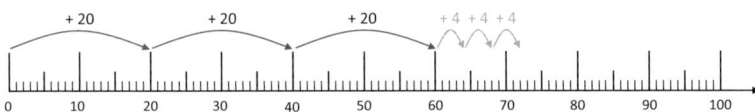

Jedes der vier Kinder berechnet mündlich eine ähnliche Aufgabe, die übrigen Schülerinnen und Schüler verfolgen das Vorgehen. Wird einer der Lösungsschritte vom Kind nicht eingehalten oder falsch ausgeführt, unterstützt bzw. korrigiert die Lehrkraft dies direkt und bespricht den Sachverhalt mit der Gruppe. Sobald jedes Kind den Algorithmus beherrscht, lösen die vier Schülerinnen und Schüler Übungsaufgaben des gleichen Typs im Heft. Sobald das Vorgehen bei der Aufgabenlösung ausreichend geübt wurde und automatisiert

> erledigt wird, erhalten die Kinder etwas schwierigere Aufgaben, die sie nach dem gleichen Muster lösen, z. B. Aufgaben wie $5 \cdot 77$ bzw. $63 \cdot 9$, also Aufgaben, deren Produkt größer als 100 ist.

Trotz größter Förderbemühungen kann es vereinzelt notwendig sein, ein Kind zieldifferent zu unterrichten. Es muss somit nicht dieselben Anforderungen erfüllen wie seine Mitschülerinnen und Mitschüler. In diesem Fall muss überlegt werden, welches die für den weiteren Lernprozess relevanten Basiskompetenzen sind und in welchem Zeitraum diese erworben werden können. Mitunter können lernzeitverlängernde Maßnahmen wie zusätzlicher Förderunterricht oder sogar eine Klassenwiederholung sinnvoll sein, wenn dadurch erreicht wird, dass das Kind anschlussfähig für den weiteren Unterricht ist, also beispielsweise bis zum Ende der Grundschulzeit notwendige Basiskompetenzen erwirbt, um in der weiterführenden Schule zu bestehen. Solche Entscheidungen bedürfen allerdings eines sorgfältigen Abwägungsprozesses, da daraus möglicherweise negative soziale Konsequenzen für das Kind resultieren. Zudem kann eine zieldifferente Förderung zu weiteren, insbesondere emotionalen Konflikten beim Kind führen. Darüber informiert die Infobox 8 in Kapitel 4.5.1, in der auch Hinweise zur Lösung möglicher Schwierigkeiten gegeben werden.

3.10 Talente fördern

Weil die Unterstützung der schwächsten Schülerinnen und Schüler viele Ressourcen der Lehrkraft in Anspruch nimmt, besteht die Gefahr, dass die Förderung besonders begabter Kinder in den Hintergrund rückt (Käpnick, Nolte & Walther, 2011; Käpnick, 2014). Zunächst gilt es, die Talente zu entdecken, was in einem herkömmlichen »Rechen«-Unterricht kaum möglich ist. Zwar erzielen diese Kinder auch darin gute Ergebnisse in den Lernstandskontrollen und erhalten entsprechende Noten, Möglichkeiten, sich besonders auszuzeichnen (und gleichzeitig ihr Talent weiterzuentwickeln), sind dabei jedoch rar gesät. Die Entdeckung mathematischer Begabungen gelingt umso besser bei der Bearbeitung herausfordernder, problemhaltiger Aufgaben (▶ Merkmal »Angemessene Differenzierung« in Kap. 3.8). In seiner Untersuchung mathematisch geschickter Schülerinnen und Schüler in der Grundschule fand Käpnick (1998) eine Reihe typischer Merkmale für besondere Talente. Diese Kinder fallen auf durch

- »mathematische Phantasie,
- Fähigkeiten im Strukturieren mathematischer Sachverhalte,
- Fähigkeiten zum selbstständigen Transfer erkannter Strukturen beim Bearbeiten mathematischer Aufgaben,
- Fähigkeiten zum selbstständigen Wechseln der Repräsentationsebenen,
- Fähigkeiten zum selbstständigen Umkehren von Gedankengängen,
- ein ausgeprägtes Gefühl für Zahlen und Muster (sog. mathematische Sensibilität) und durch
- umfangreiche mathematische Kenntnisse« (Käpnick, 1998, S. 264 ff.).

Wie können diese Kinder im Mathematikunterricht und außerhalb bestmöglich gefördert werden?

In Übereinstimmung mit der einschlägigen Literatur wird empfohlen, »zunächst die Potenzen eines gemeinsamen Lernens von ›Matheassen‹ mit gleichaltrigen Schülern im regulären Mathematikunterricht auszuschöpfen« (Käpnick et al., 2011, S. 97). Diese liegen insbesondere in substanziellen Lernumgebungen (▶ Merkmal »Kompetenzorientierung« in Kap. 3.1) mit natürlicher Differenzierung (▶ Merkmal »Angemessene Differenzierung« in Kap. 3.8). Weiterhin können talentierten Schülerinnen und Schülern im Sinne der Binnendifferenzierung (▶ Merkmal »Angemessene Differenzierung« in Kap. 3.8) besondere Rollen in Übungsphasen (z. B. »Helferkind«) oder bei einer Projektarbeit (z. B. zeitweilige Leitung einer Lerngruppe) übertragen werden (▶ Merkmal »Adaptive Sozialformen« in Kap. 3.5).

Sofern möglich, sollten zudem außerunterrichtliche Angebote für die »Matheasse« geschaffen werden. »Da mathematisch begabte Kinder im täglichen Mathematikunterricht offenbar nur in einem begrenzten Umfang individuell gefördert bzw. gefordert werden können, bietet sich zusätzlich die Nutzung außerunterrichtlicher Förderkonzepte an« (Käpnick et al., 2011, S. 98). Möglichkeiten der außerunterrichtlichen Förderung wären beispielsweise die Teilnahme an einer mathematischen Arbeitsgemeinschaft (z. B. als Angebot im Rahmen der Ganztagsschule) sowie an Wettbewerben wie Mathematikolympiaden.

> **Aus der Schulpraxis ...**
> Lisa ist eine außergewöhnliche Schülerin. Sie hat viele Talente, spielt Klavier, singt im Schulchor und geht zweimal pro Woche zum Leichtathletiktraining. Auch im Fach Mathematik gehört sie zu den besten. Im Unterricht sticht Lisa häufig durch ihre brillanten Ideen für Lösungsstrategien hervor. Beispielsweise findet sie zur Lösung einer Aufgabe meist verschiedene Rechenwege und kann schlüssige Begründungen dafür liefern, welcher Weg der einfachste ist. Frau Müller versucht bereits, dem Mädchen möglichst viele herausfordernde Lernangebote zu unterbreiten. Dennoch sagt sie: »Lisa könnte noch viel mehr!« Deshalb beschließt sie, mit Lisas Eltern über zusätzliche Fördermöglichkeiten zu beraten. Frau Müller informiert die Eltern darüber, dass die Universität in der Nähe ihrer Heimatstadt wie die meisten Hochschulen eine Beratungsstelle für hochbegabte Kinder hat. Nachdem Lisa mit ihren Eltern einige Male dort war, besucht sie nun mehrmals im Semester eine Vorlesungsreihe für Kinder. In den Sommerferien wird Lisa außerdem mit ihren Freundinnen und Freunden von der »Kinder-Uni« für eine Woche in ein besonderes Ferienlager fahren, das von Mitarbeiterinnen und Mitarbeitern des mathematischen Institutes der Universität organisiert wird.

3.11 Zusammenfassung – Ableitung von Handlungsmöglichkeiten

Die zuvor im Kapitel 3 erarbeiteten Merkmale eines inklusionsförderlichen Mathematikunterrichts (▶ Kap. 3.1 bis Kap. 3.10) bilden in ihrer

3.11 Zusammenfassung – Ableitung von Handlungsmöglichkeiten

Gesamtheit die zentralen Orientierungspunkte für die Realisierung erfolgreicher Lernprozesse in heterogenen Schülergruppen. Sie stehen in einer interdependenten Beziehung zueinander, sodass bei Berücksichtigung aller beschriebenen Merkmale (sowie weiterer allgemeiner Gestaltungsmerkmale guten Unterrichts; ▶ Abb. 5) eine Lernlandschaft entsteht, in der jedes Kind trotz unterschiedlicher Lernausgangslagen bestmöglich Mathematiklernen kann. Diese zehn herausgearbeiteten Merkmale in der Arbeit mit der Klasse sowie mit einzelnen Kindern zu einem harmonischen Ganzen zu verbinden, stellt eine komplexe Aufgabe für eine Lehrperson dar. Deren Bewältigung bedarf einer gewissen Übung. Die Aufteilung des hier beschriebenen »Konzeptes von inklusivem Mathematikunterricht« in die zehn (und weitere allgemeine) Merkmale und damit in verschiedene Einzelaspekte hat den Vorteil, dass Lehrkräfte ihren Unterricht schrittweise inklusionsförderlicher gestalten können. Insofern kann das Kapitel 3 als Antwort auf die eingangs gestellte Frage nach der inhaltlichen Herausforderung schulischer Inklusion verstanden werden. Bei der Realisierung der aufgeführten Merkmale gilt es, wie in Kapitel 1.2 aufgezeigt wurde, das erworbene Wissen in Abhängigkeit von der jeweiligen pädagogischen Situation in konkrete Handlungen zu überführen. Um diesen Prozess zu unterstützen, werden in den ausgeführten zehn Merkmalen implizit enthaltene Handlungsempfehlungen für Lehrpersonen in der nachfolgenden Tabelle 4 explizit benannt. In dem diese Buchreihe begleitenden Praxisbuch »Handlungsmöglichkeiten Schulische Inklusion – Das Rügener Modell kompakt« (Hartke, 2017, erschienen im Kohlhammer-Verlag) werden Handlungsmöglichkeiten im Sinne der erläuterten zehn Merkmale beschrieben, die Lehrkräfte bei der Planung und Realisierung ihres inklusionsorientierten Mathematikunterrichts unterstützen. Diese werden in der dritten Spalte der Tabelle 4 dem jeweiligen Merkmal zugeordnet. Die folgende Übersicht fungiert somit als Schnittstelle zwischen konzeptionellen Überlegungen und konkreten Handlungsempfehlungen und -möglichkeiten.

Weiterhin sei an dieser Stelle noch einmal an die Literaturempfehlungen am Ende der Erläuterungen zum jeweiligen Merkmal erinnert, die neben vertiefenden Informationen weitere konkrete Vorschläge für die schulische Praxis enthalten.

3 Zehn Merkmale eines inklusionsförderlichen Mathematikunterrichts

Tab. 4: Weitere Konkretisierung der zehn Merkmale eines hochwertigen, inklusionsförderlichen Mathematikunterrichts in Handlungsempfehlungen und -möglichkeiten

Titel des Merkmals	Handlungsempfehlungen zur Umsetzung des Merkmals	Zuordnung zu Handlungsmöglichkeiten aus dem Buch »Handlungsmöglichkeiten Schulische Inklusion« (Hartke, 2017)
3.1 Kompetenzorientierung	*»Gute« Aufgaben nutzen und produktiven Unterricht gestalten, z. B. durch ...* • ... die Förderung allgemeiner mathematischer Kompetenzen • ... die Entwicklung mathematischen Verständnisses • ... die Nutzung von Aufgaben (Lernumgebungen), die zum Vermuten, Austauschen, Argumentieren und Begründen anregen	• 5.1.1 Förderung allgemeiner mathematischer Kompetenzen • 5.1.2 Natürliche Differenzierung mittels offener Aufgaben • 5.1.3 Produktives Üben mit ergiebigen Übungsformaten
3.2 Adaptive Lehrkraftlenkung	*Lernen auf eigenen und auf vorgegebenen Wegen ermöglichen, z. B. durch ...* • ... aktiv-entdeckendes Lernen • ... die Realisierung direkter individueller Förderung • ... den gezielten Wechsel zwischen Offenheit und Lenkung	• 5.1 Schaffen einer Lernumwelt, die entdeckendes mathematisches Lernen ermöglicht • 5.2 Lernzielorientierte Vermittlung von Grundwissen
3.3 Förderrelevante Diagnostik	*Lernen begleiten und Lernprozesse verstehen, z. B. durch ...* • ... die Nutzung von diagnostischen Verfahren und Instrumenten, welche dabei helfen, – eventuelle Probleme beim Mathematiklernen frühzeitig zu erkennen,	• 3.1 Früherkennung von Förderbedarf mithilfe von Screeningverfahren • 3.2 Differenzierte Lernstandsanalysen zur Förderplanung mithilfe von qualitativen Tests und Fragebögen • 3.3 Monitoring der Passung von Unterricht und

3.11 Zusammenfassung – Ableitung von Handlungsmöglichkeiten

Tab. 4: Weitere Konkretisierung der zehn Merkmale eines hochwertigen, inklusionsförderlichen Mathematikunterrichts in Handlungsempfehlungen und -möglichkeiten – Fortsetzung

Titel des Merkmals	Handlungsempfehlungen zur Umsetzung des Merkmals	Zuordnung zu Handlungsmöglichkeiten aus dem Buch »Handlungsmöglichkeiten Schulische Inklusion« (Hartke, 2017)
	– die Leistungsstände aller Kinder einer Klasse präzise und regelmäßig einzuschätzen, und – zudem Hinweise für die weitere Förderung der Kinder liefern	Förderung und von Lernvoraussetzungen mithilfe von curriculumbasierten Messverfahren (CBM) • 3.4 Routinen bei der Datenerhebung und -auswertung mithilfe von Entscheidungsbäumen • 3.5 Schülerdaten als Kommunikationsgrundlage für Lehrkräfte, Eltern und Schülerinnen und Schüler • 3.6 Bereitstellung und Visualisierung der Daten • 3.7 Systematisierung der erhobenen Daten zu einem Präventionsgutachten
3.4 Abstraktionsprozesse unterstützende Darstellungsmittel	*Adäquate Lernhilfen für alle Kinder bieten, z. B. durch ...* • ... die Berücksichtigung der verschiedenen Repräsentationsebenen • ... die gezielte Veranschaulichung (abstrakter) mathematischer Sachverhalte durch Bild- oder konkretes Material • ... die Nutzung von Darstellungsmitteln als Lernhilfe • ... die kriteriengeleitete Auswahl von Darstellungsmitteln	• 5.1.4 Systematische Berücksichtigung verschiedener Abstraktionsniveaus • 5.1.5 Verwendung von mathematisch ergiebigen Darstellungsmitteln

3 Zehn Merkmale eines inklusionsförderlichen Mathematikunterrichts

Tab. 4: Weitere Konkretisierung der zehn Merkmale eines hochwertigen, inklusionsförderlichen Mathematikunterrichts in Handlungsempfehlungen und -möglichkeiten – Fortsetzung

Titel des Merkmals	Handlungsempfehlungen zur Umsetzung des Merkmals	Zuordnung zu Handlungsmöglichkeiten aus dem Buch »Handlungsmöglichkeiten Schulische Inklusion« (Hartke, 2017)
3.5 Adaptive Sozialformen	*Individualisiertes und gemeinsames Lernen in Ausgewogenheit ermöglichen, z. B. durch ...* • ... die Schaffung von kooperativen Lernsituationen mit möglichst hoher Teilhabe aller Kinder einer Klasse • ... die Nutzung von Peer-Tutoring-Konzepten • ... die Schaffung von Voraussetzungen für kooperative Lernformen • ... die Planung von Einzelarbeitsphasen an individuellen Lernzielen oder Themen	• 5.1.6 Förderung mathematischer Kommunikation durch Verbalisierung von Lösungen und Strategien • 8.2.3 Einsatz kooperativer Lernformen
3.6 Kommunikations- und Feedbackkultur	*Fachlich konstruktives Lernklima realisieren, z. B. durch ...* • ... das Schaffen von Anlässen zum fachlichen Austausch • ... das Verbalisieren von Denkweisen und Lösungswegen • ... Wertschätzung und Akzeptanz unterschiedlicher Zugänge und Wege bei der Lösung mathematischer Probleme • ... einen verständnisvollen Umgang mit Fehlern • ... gezieltes, differenziertes und ggf. korrektives Feedback	5.1.6 Förderung mathematischer Kommunikation durch Verbalisierung von Lösungen und Strategien

3.11 Zusammenfassung – Ableitung von Handlungsmöglichkeiten

Tab. 4: Weitere Konkretisierung der zehn Merkmale eines hochwertigen, inklusionsförderlichen Mathematikunterrichts in Handlungsempfehlungen und -möglichkeiten – Fortsetzung

Titel des Merkmals	Handlungsempfehlungen zur Umsetzung des Merkmals	Zuordnung zu Handlungsmöglichkeiten aus dem Buch »Handlungsmöglichkeiten Schulische Inklusion« (Hartke, 2017)
3.7 Strukturiertes Üben	*Bedeutung und Varianten des Übens kennen und zielgerichtet einsetzen, z. B. durch ...* • ... das Einräumen von ausreichend Zeit für Übungsphasen • ... den Aufbau von Übungsroutinen im Unterricht • ... die Beachtung verschiedener Übungsziele und -phasen	• 5.1.2 Natürliche Differenzierung mittels offener Aufgaben • 5.1.3 Produktives Üben mit ergiebigen Übungsformaten • 5.2.3 Automatisierung von Grundaufgaben • 5.2.5 Direkte Instruktion
3.8 Angemessene Differenzierung	*Bestmögliche individuelle Förderung ermöglichen, z. B. durch ...* • ... die Nutzung von Lernangeboten mit natürlicher Differenzierung • ... gezielte Maßnahmen der Binnendifferenzierung und Individualisierung wie besondere Hilfestellungen oder Anpassungen von Aufgaben	• 5.1.2 Natürliche Differenzierung mittels offener Aufgaben • 5.2.1 Gezielte Unterstützung durch Binnendifferenzierung
3.9 Reagieren auf Lernschwierigkeiten	*Wissenslücken erkennen und verständnisvolles Lernen fördern, z. B. durch ...* • ... regelmäßige Lernstandsmessungen, um Lücken im Lernprozess aufzuspüren • ... die gezielte Erarbeitung von Basiskompetenzen, beispielsweise durch direkte Instruktion	• 5.2.1 Gezielte Unterstützung durch Binnendifferenzierung • 5.2.2 Fokussierung der Förderung auf grundlegende Konzepte und Basiskompetenzen • 5.2.3 Automatisierung von Grundaufgaben • 5.2.4 Lückenschließender Förderunterricht

3 Zehn Merkmale eines inklusionsförderlichen Mathematikunterrichts

Tab. 4: Weitere Konkretisierung der zehn Merkmale eines hochwertigen, inklusionsförderlichen Mathematikunterrichts in Handlungsempfehlungen und -möglichkeiten – Fortsetzung

Titel des Merkmals	Handlungsempfehlungen zur Umsetzung des Merkmals	Zuordnung zu Handlungsmöglichkeiten aus dem Buch »Handlungsmöglichkeiten Schulische Inklusion« (Hartke, 2017)
	• … lernzeitverlängernde Maßnahmen wie zusätzlichen Förderunterricht • … ggf. zieldifferente Beschulung	• 5.2.5 Direkte Instruktion
3.10 Talente fördern	*Mathematische Begabungen entdecken und unterstützen, z. B. durch …* • … den Einsatz herausfordernder, problemhaltiger Aufgaben • … die Übertragung besonderer Rollen während des Unterrichts (z. B. »Helferkind«) • … zusätzliche außerunterrichtliche Begabtenförderung, beispielsweise in mathematischen Arbeitsgemeinschaften	• 5.1.2 Natürliche Differenzierung mittels offener Aufgaben • 5.2.1 Gezielte Unterstützung durch Binnendifferenzierung

4 Inklusives Mathematiklernen nach dem Rügener Inklusionsmodell

Nachdem in den vorangegangenen Abschnitten zentrale Merkmale eines inklusionsförderlichen Mathematikunterrichts erläutert wurden, steht ein Konzeptentwurf zur gemeinsamen Beschulung von Kindern mit und ohne Förderbedarf im Fokus des nachfolgenden Kapitels, das Rügener Inklusionsmodell (RIM). Dabei handelt es sich um einen präventiv und inklusiv orientierten Beschulungsansatz, der seit Beginn des Schuljahres 2010/11 mit den staatlichen Grundschulen der Insel Rügen in Zusammenarbeit mit dem sonderpädagogischen Förderzentrum Bergen sowie dem Staatlichen Schulamt Greifswald in der Praxis erprobt und seitdem stetig konzeptionell weiterentwickelt wird. Im Rahmen der wissenschaftlichen Begleitung durch die Universität Rostock erfolgte die Konzeptentwicklung (Hartke, 2017; Hartke et al., 2015), dessen Implementation durch Fortbildungen (Mahlau, Voß & Hartke, 2016a, b, c, d) sowie die fortlaufende Evaluation der Wirksamkeit des Ansatzes (Voß et al., 2016).

Das RIM orientiert sich auf *organisatorisch-struktureller Ebene* an einem in den USA sehr bekannten und weit verbreiteten Beschulungskonzept, dem Response-to-Intervention-Ansatz (RTI). *Inhaltlich* gesehen integriert das in den nachfolgenden Abschnitten vorgestellte Rügener Inklusionsmodell die in den vorangegangenen Kapiteln dargestellten Überlegungen eines fachdidaktisch hochwertigen und inklusionsförderlichen Mathematikunterrichts, genauso wie in den Bereichen Lesen, Rechtschreibung, sprachliche und emotional-soziale Entwicklung entsprechend hoch entwickelte inhaltliche Konzepte, welche in den weiteren Bänden der Buchreihe »Handlungsmöglichkeiten Schulische Inklusion« beschrieben werden. Bevor das RIM für den Bereich Mathematik vorgestellt wird, soll zunächst der RTI-Ansatz erläutert werden.

4.1 Response to Intervention (RTI) als rahmengebendes Modell einer inklusiven Schule

RTI ist ein präventives und inklusives Beschulungskonzept, das durch eine Verbindung systematisch gestufter Förderebenen sowie eine besondere Akzentuierung eines evidenzbasierten als auch datengeleiteten Vorgehens in der schulischen Praxis charakterisiert ist. Der Ansatz zielt (a) auf die Vermeidung von sonderpädagogischem Förderbedarf sowie auf die inklusive Beschulung von Kindern mit Lern- und Entwicklungsstörungen ab und dient (b) als mögliche Form der Feststellung von Lern- und Entwicklungsbeeinträchtigungen (z. B. Blumenthal, Kuhlmann & Hartke, 2014; Vaughn & Fuchs, 2003).

- RTI als Präventions- und Inklusionsansatz: Hauptanliegen von Vertreterinnen und Vertretern des RTI-Ansatzes ist es, pädagogische Maßnahmen im Rahmen von Unterricht und Förderung entsprechend den Fähigkeiten der Kinder so zu gestalten, dass jede Schülerin und jeder Schüler davon in ausreichendem Maße profitieren kann. Ob dies hinreichend gelingt, wird dabei anhand der Resonanz in der Lernentwicklung der Kinder (Response) auf die Unterrichts- bzw. Förderangebote (Intervention) bemessen, welche sich in der schulischen Leistungsentwicklung manifestiert. Durch eine engmaschige Erfassung und Dokumentation von Lernverläufen fallen Wissenslücken frühzeitig auf – ein zeitnahes Eingreifen wird somit möglich. Bei Bedarf setzen zusätzlich spezifische Förderangebote für betroffene Kinder ein, welche bei Fördererfolg entsprechend wieder abgesetzt werden können. Damit erlaubt RTI die gemeinsame Beschulung aller Kinder in einer Klasse bei gleichzeitiger individueller Förderung.
- RTI als Ansatz zur Feststellung von besonderen Förderbedarfen: Mit dem Individuals with Disabilities Education Improvement Act (IDEIA) im Jahr 2004 wurde RTI als eine alternative Möglichkeit zur Identifikation von Förderbedarfen in den USA offiziell anerkannt. Als Diagnosekriterium bei der Feststellung von sonderpädagogischem För-

derbedarf ist Folgendes im RTI-Ansatz festgelegt: Eine Lern- bzw. Entwicklungsschwierigkeit liegt bei einem verminderten Leistungsniveau sowie einem zusätzlich kontinuierlich geringeren Leistungszuwachs eines Kindes im Vergleich zu Gleichaltrigen – unter Sicherstellung individuell angepasster, auf Wirksamkeit geprüfter Unterrichts- und Förderangebote – vor. Beeinträchtigungen im Lernen werden als individuelle Problematik des Kindes erst attestiert, wenn die festgestellten Leistungsrückstände nachgewiesenermaßen nicht als Folge einer mangelnden Unterrichts- oder Förderqualität erklärt werden können (Fuchs & Fuchs, 2007). Damit löst der RTI-Ansatz ein zentrales Problem der bisherigen Diagnostik zur Feststellung von sonderpädagogischem Förderbedarf.

4.1.1 Kernkomponenten des RTI-Ansatzes

Allgemein festzuhalten ist, dass es in den USA nicht das RTI-Konzept an sich gibt (Berkeley, Bender, Gregg Peaster & Saunders, 2009), vielmehr bildet Response to Intervention einen konzeptuellen Rahmen, in dem verschiedene Einzelkomponenten verbunden werden. Das National Center on Response to Intervention (NCRTI, 2010) schlägt zur Abgrenzung des Begriffs folgende Definition vor:

> *»Response to intervention integrates assessment and intervention within a multi-level prevention system to maximize student achievement and to reduce behavioral problems. With RTI, schools use data to identify students at risk for poor learning outcomes, monitor student progress, provide evidence-based interventions and adjust the intensity and nature of those interventions depending on a student's responsiveness, and identify students with learning disabilities or other disabilities.«* (S. 2)

Als wesentliche Kernkomponenten von RTI werden demnach folgende vier Aspekte benannt, die trotz unterschiedlicher Ausgestaltung allen Ansätzen gemein sind:

Schulweites System von nach Intensität und Spezifität gestuften Förderebenen zur Prävention von Lern- und Verhaltensschwierigkeiten (Mehrebenenprävention)

Beim RTI-Ansatz handelt es sich um ein gestuftes Fördersystem, in dem verschiedene (sonder-)pädagogische Maßnahmen der primären, sekundären und tertiären Prävention (Caplan, 1964) vereint werden (NCRTI, 2010). Die Förderebenen unterscheiden sich dabei hinsichtlich ihrer Zielgruppe, der Intensität und Spezifität der mit ihnen gekoppelten Fördermaßnahmen sowie hinsichtlich der mit ihnen verknüpften diagnostischen Vorgehensweisen (▶ Abb. 8). Die Erhöhung der Intensität der Unterstützungsmaßnahmen über die Förderebenen hinweg kann erreicht werden, indem Unterstützungsangebote häufiger frequentiert, verlängert, in kleineren Gruppen und/oder durch höher qualifiziertes Personal angeboten werden (Fuchs & Fuchs, 2006). Höhere Förderebenen ersetzen nicht die tieferen, sondern ergänzen diese. Ein Kind mit Schwierigkeiten beim Lernen könnte somit beispielsweise neben dem regulären, Förderungsmaßnahmen beinhaltenden Unterricht (Förderebene I) zusätzlich auch ein- oder zweimal wöchentlich in einer Kleingruppe (Förderebene II) gefördert werden.

Da es im Prinzip keine vorgeschriebene Festlegung zur Anzahl von Förderebenen gibt, sind in der Praxis RTI-Ansätze mit zwei bis vier Abstufungen zu finden, geläufiger sind hingegen Konzepte, die drei Stufen definieren (Fuchs & Fuchs, 2007).

Einsatz von Screeningroutinen zur Identifikation von Kindern mit Entwicklungsrisiken

Mithilfe eines zweistufigen Screeningprozesses sollen Kinder mit Anzeichen für Entwicklungsrisiken im RTI-Ansatz frühzeitig erkannt werden, um zeitnahe Unterstützungsangebote initiieren zu können (Prävention statt Wait-to-fail, Vaughn & Fuchs, 2003, ▶ Infobox 6 bzw. ▶ Abb. 8). Konkret bedeutet dies, dass für alle Kinder zumindest einmal, häufig jedoch sogar zwei- bis dreimal im Schuljahr standardisierte diagnostische Verfahren bezüglich ihrer schulischen Entwicklung angewendet werden.

4.1 Response to Intervention (RTI) als rahmengebendes Modell

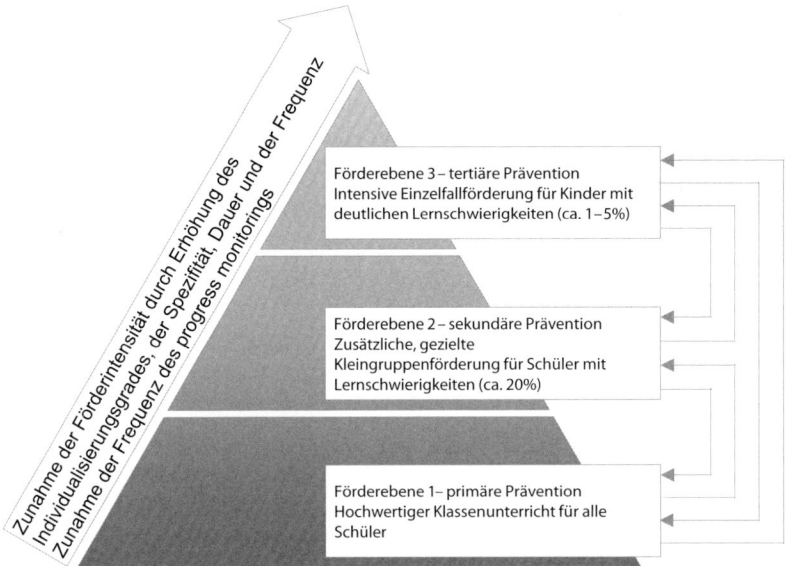

Abb. 8: Schematische Veranschaulichung eines dreistufigen RTI-Modells (entnommen aus Blumenthal et al., 2014, S. 71). Erläuterung: Die schmalen Pfeile kennzeichnen mögliche Förderebenenzuweisungen

Hierbei werden Instrumente eingesetzt, die wissenschaftlichen Gütekriterien genügen (hohe Objektivität, Reliabilität, Validität sowie prognostische Güte). Für Schülerinnen und Schüler, welche die in den Screenings festgelegten Mindestwerte (Cutoff-Werte) nicht erreichen, werden in einem zweiten Schritt diagnostische Verfahren eingesetzt, die eine noch höhere Aussagekraft und damit eine höhere Förderrelevanz aufweisen (NCRTI, 2010).

Infobox 6: Der Wait-to-fail-Prozess

Im Sinne eines Wait-to-fail-Vorgehens (engl. = warten bis zum Versagen) wird so lange mit der Zuweisung von Förderressourcen gewartet, bis die schulischen Leistungen eines Kindes oder weitere Entwicklungsstände bereits sehr stark vom Stand der Altersgleichen abweichen. Anstatt vor der Ausprägung sonderpädagogischen Förderbedarfs umfassende präventive Maßnahmen zur Verhinderung desselben einzusetzen, muss im Wait-to-fail-Ansatz erst die Grenze zur Diagnosestellung überschritten werden. Bei einem Wait-to-fail-Vorgehen ist eine frühe Prävention sonderpädagogischen Förderbedarfs nicht üblich, allenfalls primärpräventive Hilfen kommen vor.

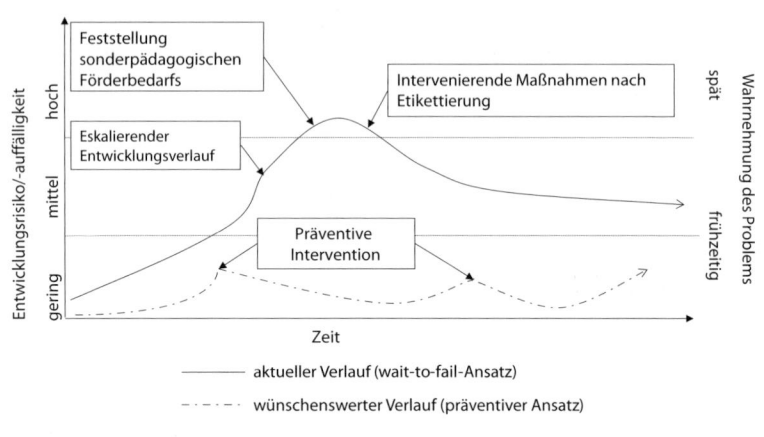

Abb. 9: Schematische Darstellung des Wait-to-fail-Prinzips (in Anlehnung an Huber & Grosche, 2012, S. 313)

Formative Evaluation pädagogischer Maßnahmen durch Lernverlaufsdiagnostik

Beim sogenannten *progress monitoring* (auch Lernverlaufsdiagnostik; Klauer, 2011) werden wiederholt die Schulleistungen aller Kinder in den Blick genommen. Zu diesem Zweck kommen ebenfalls Verfahren zur Anwendung, die nachweislich wissenschaftlichen Gütekriterien entsprechen. Diese werden zumindest monatlich mit allen Kindern durchgeführt. Das *progress monitoring* erfolgt im Wesentlichen durch sogenannte *curriculum-based measurements* bzw. curriculumbasierte Messverfahren (CBM; Deno, 1985; Hosp, Hosp & Howell, 2007; Klauer, 2011; Voß &

Hartke, 2014). Dieser Ansatz wird in Kapitel 4.3.2 ausführlicher dargestellt.

Auf Basis der durch wiederholte Testungen resultierenden Datengrundlage können

- Lernverläufe der Schülerinnen und Schüler grafisch dargestellt,
- Kinder mit ungünstigen (stagnierenden oder rückläufigen) Lernfortschritten identifiziert,
- Hinweise zur weiteren Förderarbeit abgeleitet sowie
- Rückschlüsse über die Effektivität des Unterrichts bzw. der Förderung gezogen werden.

Insbesondere der zuletzt genannte Aspekt der formativen Evaluation pädagogischer Maßnahmen gilt als besonders bedeutsam (Hattie, 2013).

Datengesteuerte Förderentscheidungen

RTI basiert auf der formativen Evaluation des Unterrichts bzw. der Förderung auf Grundlage objektiv, reliabel und valide erhobener Leistungs- und Entwicklungsdaten der Schülerinnen und Schüler. So werden mithilfe von Screeningverfahren und Instrumenten zur Lernverlaufsdiagnostik (s. Punkte 2 und 3) erhobene Daten zusammenfassend im Hinblick auf die Passung der pädagogischen Maßnahmen zu den Lernvoraussetzungen der Kinder analysiert. Bei auftretenden Lern- oder Verhaltensschwierigkeiten wird also zunächst der Unterricht hinterfragt, um eine bessere Passung desselben auf die Bedürfnisse der Kinder zu erzielen. Bei ausbleibenden Lernerfolgen, trotz angepassten Unterrichts, ist eine zusätzliche Förderung auf der nächsthöheren Förderebene angezeigt. So gestattet RTI, in Abhängigkeit des Lernverlaufs einer Schülerin bzw. eines Schülers, einen flexiblen Wechsel zwischen den Förderebenen. Die erhobenen Daten sind also immer die zentrale Grundlage für Förderentscheidungen. Dabei werden im Wesentlichen zwei verschiedene Ansätze zur Entscheidungsfindung unterschieden: das sogenannte *standard protocol* (vorab ist festgelegt, welche Fördermaßnahmen bei welchen Testergebnissen umzusetzen sind) und das sogenannte *problem solving*

(Förderentscheidungen werden individuell für jedes Kind im Team getroffen) (Fuchs et al., 2003). Zunehmend wird von hybriden Modellen berichtet, die Elemente beider Ansätze miteinander verbinden (Berkeley et al., 2009).

Neben diesen aufgeführten Kernkomponenten von RTI ist dem Ansatz ein evidenzbasiertes (sonder-)pädagogisches Arbeiten inhärent. Das bedeutet, dass alle Förderentscheidungen (beispielsweise über einsetzende Maßnahmen und Materialien) sorgfältig hinsichtlich ihrer Effektivität (externe Evidenz) und vor dem Hintergrund der eigenen professionellen Expertise und Erfahrung (interne Evidenz) sowie den Bedürfnissen und Wünschen der Zielgruppe (soziale Evidenz) ausgewählt werden müssen (Blumenthal & Mahlau, 2015; Hartke, Blumenthal & Voß, 2017). Evidenzbasiertes Arbeiten in der Schule definiert pädagogisches Handeln als zirkulären Prozess, in welchem – vor dem Hintergrund der drei Evidenzquellen (intern, extern und sozial) – die eigene Tätigkeit jeweils reflexiv evaluiert und ggf. modifiziert werden muss. Im Sinne einer Qualitätssicherung steht dabei insbesondere die externe Evidenz im Fokus. Zu ihrer Einschätzung müssen wissenschaftlich geführte Beweise bzw. Nachweise vorliegen. Demnach sind Maßnahmen vorzuziehen, für welche Forschungsbefunde vorliegen, die für ihre Wirksamkeit sprechen.

4.1.2 Bedeutung und Wirksamkeit des RTI-Ansatzes

RTI hat in den vergangenen Jahrzehnten in den USA – vor allem im Zusammenhang mit der Erlassung des Individuals with Disabilities Education Improvement Act – immer mehr an Bedeutung gewonnen. Seither verbreitet sich der RTI-Ansatz – als präventives Beschulungskonzept sowie als alternative Form der Feststellung von Lern- und Entwicklungsstörungen – in immer mehr Bundesstaaten der USA.

Die beschriebene Verbreitung von RTI in den USA ist nicht zuletzt durch die positiven Effekte auf die akademischen Leistungen der Kinder begründet, wie sie in verschiedenen Studien nachgewiesen wurden. So konnte zum einen bereits mehrfach belegt werden, dass die Anwendung folgender Kernelemente des RTI-Ansatzes die Wahrscheinlichkeit einer positiven Leistungsentwicklung bei gefährdeten Kindern erhöhen kann, nämlich

- frühe spezifische Hilfen zur Prävention von manifesten Minderleistungen (Hinweise z. B. bei Aunola et al., 2004; Mazzocco, Feigenson, Halberda & Santos, 2011),
- regelmäßige Leistungserhebungen zur formativen Unterrichtsevaluation (z. B. Black & Wiliam, 1998a; Fuchs & Fuchs, 1986; Hattie, 2013),
- die Kooperation von verschiedenem schulischen Personal (Lehrkraft, Sonderpädagogin bzw. Sonderpädagoge und Schulpsychologin bzw. Schulpsychologe) bei der Förderplanung und -entscheidung (z. B. Burns & Symington, 2002; Kovaleski & Pedersen, 2008) und
- der Einsatz evidenzbasierter Unterrichts- und Fördermaßnahmen (z. B. Shapiro, 2004; Shinn, Walker & Stoner, 2006).

Weiterhin liegen Befunde vor, welche die Effektivität von RTI-Konzepten in ihrer Gesamtheit ausweisen. So berichten beispielsweise Burns, Appleton und Stehouwer (2005) für längerfristig in der Schulpraxis etablierte und betreute Projekte einen hohen positiven Effekt mit einer Effektstärke von $d = 1.02$ hinsichtlich der Leistungen der Schülerinnen und Schüler. Für Implementationsstudien, die durch Forschungsinstitutionen realisiert und betreut wurden, ließ sich ebenfalls ein hoher Effekt nachweisen ($d = 0.86$).

Seit einigen Jahren wird RTI auch im deutschsprachigen Raum im Fachdiskurs thematisiert. Im Rahmen des RIM wurde versucht, das erfolgsversprechende RTI-Konzept auf deutsche Strukturen zu adaptieren, es flächendeckend in einer gesamten Region zu implementieren sowie seine Wirksamkeit im Feld zu prüfen (Hartke, 2017; Hartke et al., 2015; Mahlau et al., 2016a, b, c, d; Voß et al., 2016). Damit bildet das RIM das erste, vollständig in die Praxis umgesetzte Beschulungskonzept nach dem RTI-Ansatz in Deutschland. Die umfassenden Befunde der Evaluationsstudie (Voß et al., 2016) weisen das RIM als einen tragfähigen inklusiven Beschulungsansatz in den Förderschwerpunkten Lernen, emotional-soziale Entwicklung sowie Sprache aus. Nachfolgend werden Unterricht und Förderung innerhalb des RIM im Bereich Mathematik differenziert beschrieben.

4.2 Förderebene I: der Mathematikunterricht

Das Ziel des Mathematikunterrichts im RIM ist es, den Unterricht so zu gestalten, dass alle Kinder zu mathematischem Verständnis im Sinne der Bildungsstandards der KMK (2005; ▶ Merkmal »Kompetenzorientierung« in Kap. 3.1) gelangen und möglichst jede Schülerin bzw. jeder Schüler die Lernziele der jeweiligen Klassenstufe erreicht. Um alle Kinder einer Klasse bestmöglich im Mathematikunterricht zu fördern, sollten vor dem Hintergrund der in Kapitel 3 dargestellten Merkmale eines inklusionsförderlichen Unterrichts jeweils folgende Überlegungen bei der Stundenplanung angestellt werden:

- Welche Lernziele können die Schülerinnen und Schüler auf entdeckend lernende Weise erreichen und welche Inhalte sollten in welcher Reihenfolge explizit unterrichtend erarbeitet werden?
- Zu welchen Zeitpunkten des Lernprozesses sollten Übungsphasen stattfinden?
- Welches Wissen und welche Fertigkeiten sind zu automatisieren?
- Haben die Schülerinnen und Schüler Möglichkeiten, ihr Wissen und ihre erworbenen Fertigkeiten anzuwenden, selbst Lösungen zu finden und damit ihre Kompetenzen zu vertiefen?
- Welche Lehr- bzw. Arbeitsmittel unterstützen den Lernprozess besonders gut?
- Wie können einzelne Schülerinnen und Schüler durch die Veränderung von Unterrichtsinhalten, der Schwierigkeit oder Menge der Aufgaben unterstützt bzw. besonders gefördert werden?
- Welche individuellen, teilweise auch korrigierenden Hilfestellungen sind durch die Lehrkraft während des Unterrichts zu geben?
- Wie können sich die Schülerinnen und Schüler beim Lernen gegenseitig unterstützen?
- Eignet sich der Lerngegenstand für eine kommunikativ-diskursive Erarbeitung?
- Wie kann unterrichtsintegriert geprüft werden, ob die Schülerinnen und Schüler die Lernziele erreicht haben?

- In welchen Phasen des Unterrichts ist Feedback angezeigt und wie soll dieses dargeboten werden?

Damit ein derartiger »moderner«, inklusionsförderlicher Mathematikunterricht realisiert werden kann, müssen auch die verwendeten Unterrichtsmaterialien für den Aufbau mathematischen Verständnisses bei unterschiedlichen Lernausgangslagen geeignet sein. Ausgehend von inhaltlichen Ansprüchen an den Unterricht (▶ Kap. 3), von empirisch basierten Empfehlungen zur mathematischen Förderung (Koch, 2008) sowie Anforderungen an Mathematiklehrwerke (Voß et al., 2015) im Sinne des Konzepts der Evidenzbasierung (▶ Kap. 4.1.1) erweist sich das Lehrwerk »Das Zahlenbuch« (Wittmann & Müller, 2012a, b, c, 2013) als zweckdienlich für die Förderung von Kindern mit unterschiedlichen Lernvoraussetzungen im Mathematikunterricht. Der Lehrgang erfüllt die Forderungen der KMK-Bildungsstandards (2005; ▶ Merkmal »Kompetenzorientierung« in Kap. 3.1) und berücksichtigt konzeptionell unterschiedliche Lernausgangslagen. Zudem gibt es erste empirische Hinweise für die Wirksamkeit des Zahlenbuchs (Hess, 2003; Moser Opitz, 2008). »Vor allem die schwachen Rechner profitieren vom verstehensorientierten Unterricht, den das Zahlenbuch vorschlägt« (Hess, 2003, S. 230).

Somit scheint das Zahlenbuch Antworten auf eine der wohl schwierigsten Fragen der Praxis zu liefern, nämlich wie Kinder mit Schwierigkeiten beim Mathematiklernen in ihrem Lernprozess unterrichtsintegriert unterstützt werden können. Zudem fällt auf, dass der Lehrgang »in der einschlägigen Fachliteratur immer wieder durch Experten empfohlen« (Koch, 2008, S. 104) wird, nicht nur aufgrund seiner Stärken bei der Förderung von Schülerinnen und Schülern mit Schwierigkeiten beim Mathematiklernen, sondern insbesondere wegen seiner fachlichen Fundierung sowie des unter fachdidaktischen Gesichtspunkten überzeugenden Ansatzes.

Nachfolgend wird die Auswahl des Zahlenbuchs als Mathematiklehrgang im RIM vor dem Hintergrund der in Kapitel 3 dargestellten Merkmale eines inklusionsförderlichen Mathematikunterrichts ausführlich begründet. Dabei werden zentrale Konzeptelemente des Lehrwerks dargestellt.

Entwicklung allgemeiner und inhaltsbezogener mathematischer Kompetenzen (▶ Merkmal »Kompetenzorientierung« in Kap. 3.1)

Die didaktische Fachdiskussion um die Entwicklung allgemeiner, prozessbezogener mathematischer Kompetenzen im Mathematikunterricht der Grundschule wurde maßgeblich durch die wissenschaftlichen Beiträge von Winter (insbesondere 1975, 1989) geprägt. Im Anschluss daran wurden prozessbezogene und inhaltsbezogene Kompetenzen bereits in der Erstausgabe des Zahlenbuchs Mitte der 90er-Jahre des 20. Jahrhunderts ausgewiesen, damals allerdings noch unter der Bezeichnung allgemeine und inhaltliche »Lernziele«. In neueren Auflagen wird konsequent auf jeder Lehrbuchseite der Bezug zu den Bildungsstandards der KMK (2005; ▶ Merkmal »Kompetenzorientierung« in Kap. 3.1) hergestellt, d. h. es wird aufgezeigt, welche prozessbezogenen und inhaltsbezogenen Kompetenzen im Rahmen der jeweiligen Lerneinheit gefördert werden. Bereits bei der Einführung neuer Inhalte werden prozessbezogene Kompetenzen integrativ entwickelt, wie die nachfolgende Abbildung 10 exemplarisch verdeutlicht:

Indem die Kinder über verschiedene Rechenwege sprechen und deren Vor- und Nachteile diskutieren, werden automatisch die allgemeinen mathematischen Kompetenzen Kommunizieren und Argumentieren, aber auch Darstellen, gefördert.

Eine weitere Besonderheit des Zahlenbuchs zur Förderung allgemeiner und inhaltsbezogener mathematischer Kompetenzen stellen sogenannte produktive Übungen dar. Diese Aufgabenformate sind erstmals von Wittmann und Müller (1992) bzw. Wittmann (1994) beschrieben und für den Mathematikunterricht der Grundschule umfänglich umgesetzt worden. Das produktive Üben ist ein beziehungsreiches, sinnstiftendes Üben. Indem eine Regelmäßigkeit, Struktur oder ein Gesetz erkannt werden muss, werden die Schülerinnen und Schüler veranlasst und befähigt, »*eigene Denkleistungen* zu erbringen, zu prüfen und auf die Sacherfordernisse abzustimmen« (Wittmann, 1994, S. 164; Hervorhebungen im Original). Die gestellten Aufgaben werden nicht bloß abgearbeitet, vielmehr geht es um das Erkennen des inhärenten Musters sowie um eine Erklärung für das Zustandekommen der gefundenen Zusammenhänge. Ein Beispiel für

4.2 Förderebene I: der Mathematikunterricht

Wie rechnen die Kinder?
Welche einfachen Aufgaben benutzen sie?

Abb. 10: Rechenwege der Addition (entnommen aus Wittmann & Müller, 2012a, S. 52, © Ernst Klett Verlag GmbH)

ein produktives Übungsformat sind »schöne Päckchen«. Im Gegensatz zu den altbekannten »Türmchenaufgaben« bilden die »schönen« Päckchen eine Ganzheit, »bei der die einzelnen Rechnungen sich in den Lösungen und in den Ergebnissen gegenseitig stützen« (Käpnick, 2014, S. 140). Die »Grundidee dieses produktiven Übungsformats […] ist die Anregung, das jeweils zugrunde liegende Muster, neben der Berechnung selbst, zu erkennen und weiterzuführen« (Engler de Stucky, 2012, S. 150). Nachfolgend sind Beispiele für »schöne Päckchen« aufgeführt, welche durch Erhöhen bzw. Verringern oder Vertauschen der Summanden entstehen.

```
4 + 4 = __     6 + 3 = __     5 + 3 = __     9 + 5 = __
4 + 5 = __     5 + 3 = __     6 + 2 = __     5 + 9 = __
4 + 6 = __     4 + 3 = __     7 + 1 = __
```

Anhand der »schönen Päckchen« kann eine generelle Stärke produktiver Übungsformate verdeutlicht werden: Weil sie wie Formulare mit verschiedenen Zahlen gefüllt werden, können sie in allen Klassenstufen sowie bei unterschiedlichen Lernausgangslagen eingesetzt werden. Zudem können die Aufgaben offen und geschlossen gestellt werden, beispielsweise indem selbst »schöne Päckchen« gefunden werden müssen oder bei vorgegebenen Aufgabenserien entschieden werden muss, ob es sich um ein »schönes« Päckchen handelt oder nicht. Alternativ können ganz bewusst Störungen eingebaut werden, damit die Kinder die Struktur nicht »blind« ausnutzen (sogenannte »Päckchen mit Pfiff«). Die vielen Variationsmöglichkeiten machen aus den produktiven Übungen ein unerschöpfliches Aufgabenformat.

**Lernen auf eigenen und auf vorgegebenen Wegen
(▶ Merkmal »Adaptive Lehrkraftlenkung« in Kap. 3.2)**

Das Zahlenbuch regt die Kinder zu einer eigenständigen Auseinandersetzung mit der Mathematik an. In der dem Lehrwerk zugrunde liegenden didaktischen Konzeption (aktiv-entdeckendes Lernen; ▶ Merkmal »Adaptive Lehrkraftlenkung« in Kap. 3.2) wird das Mathematiklernen »vorrangig als *Tätigkeit* gesehen, die gekennzeichnet ist durch die mathematische Beschreibung von problemhaltigen Situationen, durch das Entdecken und Begründen von Beziehungen sowie durch die mündliche und schriftliche Mitteilung der Lösungswege und Ergebnisse« (Wittmann, 1995, S. 13; Hervorhebung im Original). »Durch den Lehrer angeregt und auf bestimmte Ziele hingelenkt *erarbeiten sich* die Schüler bestimmte Fertigkeiten, Wissenselemente und Lösungsstrategien« (Wittmann, 1994, S. 162; Hervorhebungen im Original). Die Kinder werden beim Lernen also ganz bewusst nicht sich selbst überlassen, sondern angeregt, sich in die Fachstrukturen einzuarbeiten. »Ziel des Unterrichts kann es nicht sein, dass jedes Kind seine ›private Mathematik‹ entwickelt, sondern dass es die

Werkzeuge, die sich als effektiv erwiesen haben, individuell nutzt« (Wittmann & Müller, 2012d, S. 165).

Das Zahlenbuch kann darüber hinaus hervorragend für eine lehrkraftzentrierte Unterrichtsmethodik bei Verständnisschwierigkeiten genutzt werden. Aufgrund seines klaren fachlichen Aufbaus eignet sich das Lehrwerk auch für eine explizite, lernzielorientierte Förderung, welche sich in einer Vielzahl an Studien als sehr effektive Methode für leistungsschwächere Schülerinnen und Schüler erwiesen hat (zusammenfassend Grünke, 2006, Kroesbergen & van Luit, 2003). Unter der Devise »weniger ist mehr« wird der Stoff im Zahlenbuch auf tragende mathematische Grundideen (zusammenfassend Vohns, 2007) beschränkt, welche über die Klassenstufen hinweg kontinuierlich im Niveau ansteigend entwickelt werden. »Da die Unterrichtszeit begrenzt ist, muss der Stoff auf diejenigen inhaltlichen Grundideen konzentriert werden, die für die Umwelterschließung und für ein Verständnis der Fachstruktur unerlässlich sind« (Wittmann & Müller, 2012d, S. 159). Diese Fokussierung auf das Wesentliche erscheint insbesondere für Kinder mit Schwierigkeiten beim Mathematiklernen sinnvoll.

Bedeutung der Diagnostik (▶ Merkmal »Förderrelevante Diagnostik« in Kap. 3.3)

Das Zahlenbuch setzt auf »*implizite Formen* von Diagnose: Die Kinder bearbeiten im Unterricht ständig Aufgaben, an deren Bearbeitung man den Lernstand einschätzen kann« (Wittmann & Müller, 2012d, S. 7; Hervorhebungen im Original). Zur Förderplanung gilt es, eine »sinnvolle Kombination von Aufgaben, die man dem Kind stellt« (Wittmann & Müller, 2015a, S. 6), zu finden. Zu diesem Zweck wurden für jede Klassenstufe Eingangstests für die Bereiche Arithmetik und Geometrie entwickelt, welche in den Materialbänden des Zahlenbuchs zur Verfügung gestellt werden. Zudem eignet sich der Blitzrechenkurs als Diagnoseinstrument für Basiskompetenzen. In einer kürzlich erschienenen Handreichung (Wittmann & Müller, 2015a) wird ausführlich erläutert, wie der Blitzrechenkurs zur Diagnostik und Förderung eingesetzt werden kann.

Die Autoren des Zahlenbuchs vertreten die Auffassung, dass man mithilfe der aufgeführten Materialien sowie aus »*den mündlichen und schriftlichen Äußerungen der Kinder im normalen Unterricht umfassendere Informationen über den Lernstand und die Lernfortschritte gewinnen [könne] als aus Diagnosebögen*« (Wittmann & Müller, 2012d, S. 7; Hervorhebungen im Original). Eine formelle, durch wissenschaftliche Gütekriterien abgesicherte Diagnostik mit Messverfahren wird hingegen als »Testiritis« (ebd.) abgelehnt. »Man benötigt keine besonderen ›Diagnose-Aufgaben‹ oder ›Diagnosebögen‹ um einzuschätzen, wo das Kind steht. Auch besondere ›Diagnoseinstrumente‹ sind nicht nötig« (Wittmann & Müller, 2015a, S. 6). In diesem Punkt wird den Autoren im vorliegenden Konzept widersprochen, mit dem Verweis auf die in Kapitel 3.3 dargestellten Studienergebnisse zur Genauigkeit diagnostischer Urteile von Lehrpersonen. So wird die Auffassung vertreten, dass sich Lehrkräfte regelmäßig mithilfe standardisierter und normierter Verfahren einen Einblick in die Lernentwicklungen ihrer Schülerinnen und Schüler verschaffen sollten, um ihren Unterricht bestmöglich an die individuellen Förderbedürfnisse der Kinder anpassen zu können. Beobachtungen und Gespräche während des Unterrichts im Sinne des systemischen Ansatzes, den die Autoren des Zahlenbuchs vorsehen, sind dafür zweifelsohne unerlässlich. Allerdings sollten zusätzlich ebenfalls möglichst förderrelevante diagnostische Verfahren genutzt werden, welche eine objektive, zuverlässige und valide Bestimmung der Lernausgangslagen ermöglichen. Deswegen werden im Mathematikunterricht nach dem Konzept des RIM zusätzliche Diagnosematerialien eingesetzt. Das diagnostische Vorgehen im RIM wird in Kapitel 4.3 ausführlich beschrieben.

Nutzung von Darstellungsmitteln (▶ Merkmal »Abstraktionsprozesse unterstützende Darstellungsmittel« in Kap. 3.4)

Hilfsmitteln zur Visualisierung mathematischer Strukturen und Operationen wird im Zahlenbuch eine große Bedeutung für das Lernen beigemessen. »Sie werden immer benötigt, wenn es um das Verstehen,

Beschreiben und Mitteilen von Lösungswegen, das Aufzeigen von Beziehungen zwischen Aufgaben und Lösen, das Lösen kombinatorischer Aufgaben oder um die Modellierung von Sachsituationen geht« (Wittmann & Müller, 2012d, S. 162), und sollten daher im Unterricht »*mit der größten Selbstverständlichkeit verwendet*« (ebd.; Hervorhebungen im Original) werden. Zwar sind Lernmittel im Unterricht mit dem Zahlenbuch allgegenwärtig, was aber nicht bedeutet, dass besonders viele Materialien zum Einsatz kommen. So wurden nach sorgfältiger Analyse unter der Prämisse »weniger ist mehr« möglichst ergiebige Darstellungsmittel ausgewählt, welche die mathematischen Grundideen am besten verkörpern und vielseitig verwendet werden können. Die genutzten Visualisierungshilfen werden sowohl für die Kinderhand als auch als Demonstrationsmaterial für Lehrkräfte zur Verfügung gestellt. Zeichnerische Darstellungen (ikonische Ebene, ► Merkmal »Abstraktionsprozesse unterstützende Darstellungsmittel« in Kap. 3.4) der konkreten Lernmittel (enaktive Ebene) durchziehen alle zum Zahlenbuch gehörigen Arbeitsmaterialien (Lehrbuch, Arbeitshefte, Blitzrechenkurs etc.).

Das wohl am häufigsten im Unterricht mit dem Zahlenbuch verwendete Hilfsmittel sind zweifarbige Wendeplättchen (► Abb. 11). Mit ihnen kann auf sehr anschauliche Weise ein Verständnis für Anzahlaspekte, aber auch für Teil-Ganzes-Beziehungen sowie für Zahlbeziehungen erarbeitet werden. Zudem können Rechenoperationen mithilfe von Wendeplättchen dargestellt werden, wodurch sie den Kindern auch im Rückgriff auf die enaktive Ebene zur Lösung unbekannter bzw. zu schwieriger Aufgaben dienen. In Verbindung mit dem Zwanzigerfeld und den sich anschließenden Visualisierungen der Zahlenräume bis 100 und 1000 sind die Wendeplättchen schuljahresübergreifend zentrale Materialien zur Lernförderung. Um beispielsweise zu verdeutlichen, dass die Zahlenfolge als Reihe von Zahlen zu verstehen ist, die schrittweise immer um eins größer wird (präzises Anzahlkonzept), ist der Einsatz der im Zahlenbuch enthaltenen Wendekarten, speziell auch für lernschwächere Schülerinnen und Schüler, hilfreich. Auch hierbei wird auf Plättchendarstellungen zurückgegriffen.

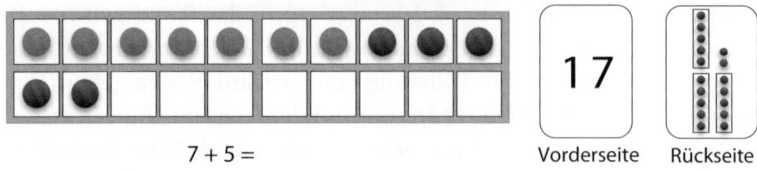

Abb. 11: Zwanzigerfeld mit Wendeplättchen und Wendekarte

Sozialformen (▶ Merkmal »Adaptive Sozialformen« in Kap. 3.5)

Das Zahlenbuch unterstützt sowohl selbstständiges und eigenverantwortliches Lernen als auch das kooperative Lernen. »Je weiter die Lesefähigkeit entwickelt ist, desto mehr sollten die Kinder versuchen, sich neue Aufgaben *alleine* zu erschließen. Im Klassengespräch können die verbleibenden Unklarheiten anschließend beseitigt werden« (Wittmann & Müller, 2012d, S. 164; Hervorhebung im Original). Die Lehrkraft beschränkt sich auf Verständnishilfen und gibt dazu beispielsweise fachlich-konventionelle Sprech- und Schreibweisen vor. Zur Unterstützung des selbstständigen Arbeitens empfehlen die Autoren die Einrichtung von Kleingruppen von drei bis fünf Schülerinnen und Schülern, in denen die Kinder in eigener Regie die Aufgaben lösen und nur die Hilfe der Lehrkraft anfordern, wenn sie alleine nicht weiterkommen. »Die Kinder jeder Gruppe sollen sich gegenseitig beim Aufbau von Verständnis unterstützen, natürlich ohne einander die Arbeit abzunehmen« (ebd.). Die Gruppen werden bewusst leistungsheterogen gebildet. Dabei profitieren gerade auch leistungsstärkere Kinder, die ihre kommunikativen Fähigkeiten weiterentwickeln und den Stoff noch tiefer durchdringen.

Kommunikation und der Umgang mit Fehlern (▶ Merkmal »Kommunikations- und Feedbackkultur« in Kap. 3.6)

Wie weiter oben bereits ausführlich erläutert wurde, regt das Zahlenbuch die Kinder zur eigenständigen Auseinandersetzung mit der Mathematik an. »Die Kinder erhalten zuerst einmal Zeit, um sich selbst an neuen Aufgaben zu versuchen, alleine oder im Austausch mit anderen Kindern. Auf diese Weise können sie die notwendige Verbindung zu ihrem Vorwissen am besten herstellen« (Wittmann & Müller, 2012d, S. 165). Bei der Einarbeitung in ein neues Thema passieren erfahrungsgemäß Fehler. Diese sind Anlass, sich intensiver mit dem Lerngegenstand auseinanderzusetzen und »besser« zu werden. Fehler werden daher nicht von vornherein vermieden, sondern als natürliche Begleiterscheinung eines Lernprozesses betrachtet. Sie werden zum Anlass genommen, um Lösungsstrategien zu hinterfragen und zu optimieren, gemäß dem Motto: »Aus Fehlern lernt man«. Ein falsches Ergebnis ist daher nicht Ausdruck des Scheiterns, sondern wird produktiv für das Weiterlernen genutzt.

Nicht nur im Zusammenhang mit Fehlern, auch ganz grundsätzlich wird beim aktiv-entdeckenden Lernen großer Wert auf einen fachlichen Austausch über Vorgehensweisen und Lösungswege gelegt, wie die Abbildung 10 auf S. 105 exemplarisch verdeutlicht. Dadurch werden die allgemeinen mathematischen Kompetenzen *Kommunizieren* und *Argumentieren* (▶ Merkmal »Kompetenzorientierung« in Kap. 3.1) im Unterricht nach dem Zahlenbuch besonders gefördert.

Grundlegendes, automatisierendes und produktives Üben (▶ Merkmal »Strukturiertes Üben« in Kap. 3.7)

»Den weitaus größten Teil des Unterrichts muss aus guten Gründen das Üben einnehmen. Aus diesem Grund ist auch das ZAHLENBUCH überwiegend ein Übungsbuch« (Wittmann & Müller, 2012d, S. 166; Hervorhebungen im Original). Im Zahlenbuch werden neue Inhalte nicht in der »klassischen« Reihenfolge aus Einführungs- und anschließender Übungsphase erarbeitet, vielmehr wird das Üben als integraler Bestandteil des Lernprozesses verstanden. In Abhängigkeit der jeweiligen Phase des Lernprozesses werden drei Übungstypen unterschieden.

Das *grundlegende* Üben dient während der Einführung eines neuen Themas dazu, »die neuen Aufgabenstellungen und Lösungswege zusammen mit neuen Sprechweisen anhand geeigneter Materialien handlungsorientiert zu erarbeiten. Dabei muss das neue Wissen mit bekanntem Wissen verknüpft werden« (Wittmann & Müller, 2012d, S. 166).

Im Anschluss an eine gesicherte verständnisorientierte Vermittlung grundlegender mathematischer Konzepte wird eine *Automatisierung* der

Fähigkeiten angestrebt. Diese hat das Ziel, das Arbeitsgedächtnis zu entlasten, um Kapazitäten für »höhere« Denkprozesse freizusetzen. Während jüngere Kinder beispielsweise auf einer niedrigen Entwicklungsstufe die Aufgabe 8+7 zählend lösen und somit erst nach einigen Sekunden zum richtigen Ergebnis gelangen (sofern sie sich nicht verzählen), wissen ältere Kinder und Erwachsene auswendig, dass 8+7 immer 15 ergibt. Damit aber eine Aufgabe wie 42<u>8</u>+1<u>8</u>7 effizient und sicher gelöst werden kann, sollten keine Kapazitäten des Arbeitsgedächtnisses mehr für die kleine Aufgabe 8+7 »verschwendet« werden. Diese Automatisierung soll durch den »Blitzrechenkurs« (Wittmann & Müller, 2008a) erreicht werden, den es in Karteikartenversion oder auch in digitaler Form als Computerprogramm bzw. App gibt. Er fordert und fördert Wissen und Fertigkeiten, welche elementar für Zahlvorstellungen, Rechenoperationen und Kopfrechnen sind. Der »Blitzrechenkurs« besteht aus zwei Phasen: Zunächst wird eine Verständnisgrundlage geschaffen (*Grundlegungsphase*), mithilfe derer Wissenselemente und Fertigkeiten schließlich »blitzschnell« abgerufen werden können *(Automatisierungsphase)*.

Automatisiertes Wissen bildet »die notwendige Grundlage für aktiv-entdeckende Lernprozesse auf der nächst höheren Stufe« (Wittmann & Müller, 2012d, S. 166). Die Vertiefung sowie der Transfer des Wissens erfolgen im Zahlenbuch anhand der weiter oben beschriebenen *produktiven* Übungen. Zudem werden verstärkt offene Aufgaben eingesetzt (▶ die dem Zahlenbuch für die zweite Klassenstufe entnommene Aufgabe in Kap. 3.8). Beide Übungstypen erfordern eine intensive Auseinandersetzung mit der Problemstellung, da nicht einfach auf einstudierte Lösungsalgorithmen zurückgegriffen werden kann. Zudem stehen den Kindern mehrere Bearbeitungswege mit verschiedenen Schwierigkeitsniveaus offen (natürliche Differenzierung; ▶ Merkmal »Angemessene Differenzierung« in Kap. 3.8).

Differenzierung (▶ Merkmale zur Differenzierung und Individualisierung in den Kap. 3.8 bis 3.10)

Das Zahlenbuch zielt, wie weiter oben bereits ausgeführt wurde, durch konkrete didaktische Überlegungen zu Sozialformen und Übungsformaten darauf ab, den Lernausgangslagen aller Schülerinnen und Schüler gerecht

4.2 Förderebene I: der Mathematikunterricht

zu werden. Der Unterricht stützt sich auf wenige, mathematisch ergiebige Darstellungsmittel (z. B. Zwanzigerfeld, später erweitert zu Hunderterfeld/Hundertertafel, Tausenderbuch/Tausenderfeld, Millionenbuch) und Übungsformate (z. B. Zahlenmauern, schöne Päckchen), welche mit zunehmender Klassenstufe in der Größe der Zahlen(-räume) und dem Grad der Vertiefung variieren. Dadurch können die Gedächtnisressourcen auf die mathematischen Lerninhalte gerichtet werden und müssen nicht für die Einarbeitung in neue Aufgabenformate oder -darstellungen aufgewendet werden.

Eine Besonderheit des Zahlenbuchkonzeptes ist, dass Differenzierungsmaßnahmen oftmals nicht von der Lehrkraft vorgegeben werden, sondern vom Kind durch die eigene Auswahl von bereitgestellten Anschauungs- und Übungsmaterialien ausgehen. Der Lehrgang gibt herausfordernde Angebote zum selbsttätigen Lernen vor, die von jedem Kind nach seinen Möglichkeiten individuell wahrgenommen werden können. Diese Differenzierung durch Entscheidungen des Kindes im Hinblick auf Übungsformate und Lernhilfen wird als »natürliche« Differenzierung bezeichnet (▶ Merkmal »Angemessene Differenzierung« in Kap. 3.8), welche insbesondere durch produktive und offene Übungsformate (s. o.) realisiert wird.

Insbesondere die Konzeptelemente Fokussierung auf wesentliche mathematische Aspekte, Übungsformate und Darstellungsmittel, produktive und offene Aufgaben mit natürlicher Differenzierung sowie Automatisierung von Basiskompetenzen machen deutlich, dass das Zahlenbuch überaus geeignet für den Einsatz in heterogenen Lerngruppen ist. In inklusiven Grundschulklassen müssen, aufgrund sowohl der großen Bandbreite der Leistungspotenziale als auch unterschiedlicher Fähigkeiten in der selbstgesteuerten Aneignung von mathematischen Inhalten, zusätzlich gezielte Differenzierungsmaßnahmen durch die Lehrkraft initiiert werden. Diese dienen einer hohen Passung zwischen den mit einem Unterrichtsgegenstand verbundenen Herausforderungen des Lernens und den individuellen Lernvoraussetzungen, um so allen Schülerinnen und Schülern gerecht zu werden. Solche lehrkraftgesteuerten Möglichkeiten der Binnendifferenzierung im Mathematikunterricht werden nachfolgend genauer beschrieben. Dabei ist anzumerken, dass alle aufgeführten Aspekte mithilfe des Zahlenbuchlehrgangs bzw. der darin enthaltenen Aufgabenstellungen und Materialien zu realisieren sind. Zudem kann nach lehrkraftgesteuerten

Phasen zur Überwindung einer besonderen Lernproblematik erneut zu selbstgesteuerten Formen des Lernens zurückgekehrt bzw. erprobt werden, ob das Kind dazu nun besser in der Lage ist.

- Differenzierung über individuelle Hilfestellungen durch die Lehrkraft
  Werden langandauernde Schwierigkeiten bei einzelnen Schülerinnen und Schülern identifiziert, sollten diese Kinder durch begleitende Hilfestellungen beim Lösen von Aufgaben (durch z. B. Demonstrieren und Nachvollziehenlassen) unterstützt werden. Hierbei ist es wichtig, dass das Kind selbst den Großteil der gedanklichen Arbeit leistet. Die Hilfestellung der Lehrkraft sollte somit zum Nachdenken anregen und nicht die Lösung suggerieren oder sie gar vorgeben. Dabei ist es sinnvoll, Abläufe in Teilvorgänge zu zerlegen und schrittweise das Problem anzugehen. Treten Fehler auf, sind diese zu korrigieren. Bei wiederholt gleichen Fehlern ist der Rechenschritt erneut zu erarbeiten und zu festigen. Die Lehrkraft sollte durch verbale Motivation im Sinne von »Du schaffst es!« Mut machen, um Frustration vorzubeugen. Zur Erarbeitung von Basiskompetenzen kann es sinnvoll sein, den jeweiligen Lerngegenstand explizit unterrichtend mit dem Kind bzw. einer kleinen Gruppe von Kindern einzuüben.
- Differenzierung durch Menge und Schwierigkeit der Aufgaben und Wahlmöglichkeiten
  Die vielfältigen Materialien des Zahlenbuchs eignen sich dazu, für leistungsschwache Schülerinnen und Schülern gezielt unterrichtsintegrierte Lernhilfen bereitzustellen und leistungsstarken Kindern anspruchsvolle Aufgaben anzubieten. Dafür liefert das Zahlenbuch ein umfangreiches Material für Differenzierungsmaßnahmen durch Arbeitshefte, Aufgabensammlungen oder handlungsorientierte Übungsmöglichkeiten. Auf diese Weise kann die Lehrkraft den Unterricht an die jeweiligen Lernausgangslagen der Kinder anpassen, z. B. durch individuelle Arbeitsaufträge oder Tages- bzw. Wochenpläne. Neben diesen Maßnahmen der inneren Differenzierung (Hirt & Wälti, 2016) sollten offene Aufgaben mit natürlicher Differenzierung verstärkt im Unterricht Platz finden (s. o.). Es erscheint auch sinnvoll, dass die Kinder sich selbst Aufgaben ausdenken; dies erfordert ebenfalls eine intensive Auseinandersetzung mit den mathematischen Inhalten.

4.2 Förderebene I: der Mathematikunterricht

- Differenzierung durch den Einsatz von verschiedenen Lehr- und Arbeitsmitteln
  Das Zahlenbuch liefert umfangreiches Material, um eine umfassende Differenzierung zu ermöglichen. Leistungsschwächere Kinder können Aufgaben aus dem zusätzlichen Arbeitsheft »Verstehen und Trainieren« (Wittmann & Müller, 2010) lösen, während leistungsstärkere Kinder sich dem Arbeitsheft »Probieren und Kombinieren« (Wittmann & Müller, 2008b) widmen. Die Schülerinnen und Schüler können individuell mit dem Kurs »Blitzrechnen« als Karteiversion oder PC-Programm üben.
- Differenzierung durch die Sozialform
  Um eine intensive Auseinandersetzung der Kinder mit mathematischen Inhalten anzuregen, sollten, dem Konzept des Zahlenbuchs folgend, neben Phasen der Einzelarbeit zunehmend auch Phasen der Partner- bzw. Gruppenarbeit umgesetzt werden. Durch den Austausch von Vorgehensweisen und Lösungsstrategien beim Bearbeiten von Aufgaben steigern die Schülerinnen und Schüler ihre Kompetenzen hinsichtlich des mathematischen Darstellens und Kommunizierens. Durch Helfersysteme, in denen leistungsstärkere Schülerinnen und Schüler die leistungsschwächeren unterstützen, können neben inhaltlichen Kompetenzen auch soziale und allgemeine mathematische Kompetenzen aufgebaut bzw. erweitert werden.

Zusammenfassung

Die Erfahrung zeigt, dass ein Unterricht nach dem Konzept des Zahlenbuchs für viele Lehrkräfte einer gewissen Einarbeitungszeit bedarf und an einigen Stellen zunächst schwierig zu realisieren ist. Für eine inklusive Beschulung und das Erfüllen der KMK-Bildungsstandards (2005; ▶ Merkmal »Kompetenzorientierung« in Kap. 3.1) erweist sich das aktiv-entdeckende Lernen mithilfe des Zahlenbuchs für eine Vielzahl an Lernsituationen als zielführend. In Lernsituationen, welche explizite Instruktionen und angeleitete Übungsphasen zur Ausbildung mathematischer Kompetenzen erfordern, sind die Zahlenbuchmaterialien auch äußerst zweckmäßig. Vieles spricht somit dafür, dass sich die anfänglichen Mühen der Einarbeitung in das Zahlenbuch lohnen. Die zahlreichen positiven Erfahrungsberichte (beispielsweise auf der Homepage des »Zahlenbuchfanclubs« unter www.zahlenbuchfanclub.de) deuten darauf hin, dass der Unterricht mit dem Zahlenbuch grundsätzlich nicht arbeitsaufwändiger zu sein scheint als ein herkömmlicher Mathematikunterricht. Im Gegenteil: Durch die Öffnung desselben und die häufige Arbeit in Kleingruppen übernehmen die Schülerinnen und Schüler Verantwortung für ihre eigenen Lernprozesse und schaffen der Lehrkraft so Freiräume für eine gezielte, individualisierte Mathematikförderung während des Unterrichts.

Weiterhin wird im RIM neben dem Zahlenbuchmaterial folgende ergänzende Literatur empfohlen:

- Handbuch produktiver Rechenübungen Band 1 und 2 (Wittmann & Müller, 2017, 1992),
- Kinder brauchen Strategien (Hess, 2012),
- Mit Unterschieden Rechnen (Nührenbörger & Pust, 2016),
- Ablösung vom zählenden Rechnen (Häsel-Weide, Nührenbörger, Moser Opitz & Wittich, 2015),
- Einmaleins verstehen, vernetzen, merken (Gaidoschik, 2014),
- Natürliche Differenzierung im Mathematikunterricht (Krauthausen & Scherer, 2013),
- Lernumgebungen im Mathematikunterricht (Hirt & Wälti, 2016).

Die angeführten Schriften bieten Ideen für die Unterrichtsgestaltung, die darin enthaltenen Vorschläge passen konzeptionell zum Mathematiklehrgang des Zahlenbuchs.

4.3 Diagnostik bei Schwierigkeiten im mathematischen Lernprozess

Einer präzisen Diagnostik wird im Konzept des RIM aufgrund der im Kapitel 3.3 dargestellten Forschungsergebnisse zur Genauigkeit von Lehrkrafteinschätzungen ein großer Stellenwert beigemessen. Allerdings liegen diagnostische Maßnahmen im schulischen Bereich immer in einem Spannungsfeld zwischen Präzision und Ökonomie. In der Regel gilt: Je ökonomischer der diagnostische Prozess ausfällt, desto unpräziser sind die Ergebnisse, je genauer und aufschlussreicher die Ergebnisse sein sollen, umso aufwändiger ist die Diagnostik. Um einen guten Kompromiss zwischen dem Ziel einer sowohl präzisen als auch förderrelevanten und dem Ziel einer effizienten Diagnostik zu erreichen, wird im RIM ein mehrstufiges Diagnosesystem umgesetzt, welches verschiedene Instrumente verbindet und mit jeder Stufe immer differenziertere Informationen zum Leistungs- bzw. Entwicklungsstand eines Kindes liefert.

Im Rahmen der Förderebene I (▶ Kap. 4.2) werden *Schulleistungstests* sowie regelmäßige Lernstandserhebungen mittels *curriculumbasierter Messverfahren (CBM)* mit allen Kindern der Klasse durchgeführt. Kinder, die bei diesen Messungen aufgrund von Wissenslücken bzw. unzureichender Lernentwicklung auffallen, werden mithilfe *qualitativer diagnostischer Maßnahmen* auf ihre Stärken und Schwächen hin untersucht. Diese umfassende Lernstandsanalyse erfolgt im Rahmen der Förderung auf den Förderebenen II (▶ Kap. 4.4).

Durch eine Kombination der genannten diagnostischen Elemente und die darauf aufbauende individuelle Förderung wird versucht, gefährdete Kinder möglichst noch vor der Ausbildung von erheblichen Rechenschwierigkeiten zu erkennen und vorbeugend zu fördern. Dennoch wird es vereinzelt Kinder geben, die massive bzw. überdauernde Auffälligkeiten aufweisen. Diese Schülerinnen und Schüler werden auf der Förderebene III (▶ Kap. 4.5) zusätzlich differenziert *sonderpädagogisch diagnostiziert*.

Wichtig ist zu betonen, dass keines der Verfahren mit dem Ziel eingesetzt wird, zu kategorisieren (▶ Kap. 2.3.1) oder zu benoten, sondern um den Lehr-Lernprozess zu optimieren, d. h. bestmöglich an die individuellen Lernvoraussetzungen des Kindes anzupassen. Nachfolgend wird das diagnostische Vorgehen dezidiert dargestellt.

4.3.1 Mathematische Schulleistungstests

Im Konzept des RIM kommen *Mathematiktests* zweimal pro Schuljahr, am Anfang und in der Schuljahresmitte, zum Einsatz. Die genutzten

Verfahren sind im Klassenverband innerhalb von einer Schulstunde durchführbar und zeitökonomisch auszuwerten. Dazu sind keine Spezialkenntnisse nötig.

Mathematische Schulleistungstests erfüllen psychometrische Gütekriterien und verfolgen im Allgemeinen das Ziel, die Leistungen der Schülerinnen und Schüler in den für die jeweilige Klassenstufe bedeutenden Aspekten des Lehrplans möglichst präzise zu erfassen. Auf diese Weise erhält die Lehrkraft ein umfassendes Bild über den aktuellen Leistungsstand jedes Kindes der Klasse, findet damit die förderbedürftigen Schülerinnen und Schüler und kann darauf aufbauend individuelle Fördermaßnahmen initiieren.

Idealerweise werden mathematische Schulleistungstests auf der Grundlage von Kompetenzentwicklungsmodellen konstruiert (siehe für den Primarbereich neben dem in Infobox 1 vorgestellten auch z. B. Reiss & Winkelmann, 2008), sodass der Testwert eine qualitative Aussage über den Entwicklungsstand liefert und nicht nur quantitativ – also im Vergleich zur Altersnorm – interpretiert werden kann. Dadurch können Förderziele abgeleitet werden, die inhaltlich in der »Zone der nächsten Entwicklung« (Wygotski, 1987, S. 83) liegen. Zudem können die aggregierten Testergebnisse einer Klasse Aussagen dahingehend liefern, ob sich die Gesamtheit der Schülerinnen und Schüler »auf einem guten Weg befindet«, die Ziele der jeweiligen Klassenstufe zu erreichen. Beispiele für Verfahren, denen ein Kompetenzentwicklungsmodell zugrunde liegt, sind die der »KEKS«-Serie (Ricken, Hildenbrand & May, 2013), »Kalkulie« (Fritz et al., 2007) oder das Verfahren »Bildungsstandards: Kompetenzen überprüfen. Mathematik Grundschule 3/4« (Granzer et al., 2008).

Das für den Grundschulbereich derzeit zweckmäßigste Verfahren zur Erfassung des mathematischen Kompetenzentwicklungsstandes ist die »Kompetenzerfassung in Kindergarten und Schule – Mathematik« (KEKS; Ricken et al., 2013), da es vom Vorschuljahr bis zum Übergang in die fünfte Klasse eingesetzt werden kann. Die KEKS-Tests können zur Überprüfung des Entwicklungsstandes halbjährlich durchgeführt werden. Neben der Funktion als Screeningverfahren zur Identifikation von förderbedürftigen Kindern ermöglicht das KEKS-Diagnosekonzept eine valide Einschätzung des Leistungsspektrums der Schülerinnen und Schüler einer Klasse (▶ Merkmal »Förderrelevante Diagnostik« in Kap. 3.3).

4.3 Diagnostik bei Schwierigkeiten im mathematischen Lernprozess

Das KEKS-Diagnosesystem zeichnet sich insbesondere dadurch aus, dass es aufeinander aufbauende Verfahren für die gesamte Grundschulzeit umfasst. Daneben ist im RIM jedoch auch der Einsatz anderer Schulleistungstests denkbar, die alternativ genutzt werden könnten. Die im Rahmen des RIM-Konzeptes empfohlenen Tests sind in der nachfolgenden Tabelle 5 dargestellt. Die Verfahren der Mathes-Reihe wurden im Rahmen der Konzeption des RIM an der Universität Rostock entwickelt und evaluiert. Die Verfahren sind über die Internetseite www.lernverlaufsdiagnostik.de abrufbar. Für die vierte Klassenstufe ist aktuell ein Mathes-Test in der Entwicklung.

Tab. 5: Im Rahmen des RIM-Konzeptes empfohlene Schulleistungstests für den Mathematikunterricht

Klassenstufe	Zeitpunkt	Mögliche Verfahren
1	Anfang	KEKS 1 (Ricken et al., 2013) Kalkulie Teil 1 (Fritz et al., 2007) Mathes 0 (Sikora & Voß, 2016a)
	Mitte	KEKS 1 (Ricken et al., 2013) Kalkulie Teil 1, Teil 2 (Fritz et al., 2007) Mathes 1 (Sikora & Voß, 2016b)
2	Anfang	KEKS 2 (Ricken et al., 2013) Kalkulie Teil 1, Teil 2 (Fritz et al., 2007) DEMAT 1+ (Krajewski, Küspert, Schneider & Visé, 2002) Mathes 1 (Sikora & Voß, 2016b)
	Mitte	KEKS 2 (Ricken et al., 2013) Kalkulie Teil 2, Teil 3 (Fritz et al., 2007) Mathes 2 (Sikora & Voß, 2016c)
3	Anfang	KEKS 3 (Ricken et al., 2013) Kalkulie Teil 2, Teil 3 (Fritz et al., 2007) DEMAT 2+ (Krajewski, Liehm & Schneider, 2004) Bildungsstandards-Test (Granzer et al., 2008) Mathes 2 (Sikora & Voß, 2016c)
	Mitte	KEKS 3 (Ricken et al., 2013) Kalkulie Teil 3 (Fritz et al., 2007)

Tab. 5: Im Rahmen des RIM-Konzeptes empfohlene Schulleistungstests für den Mathematikunterricht – Fortsetzung

Klassenstufe	Zeitpunkt	Mögliche Verfahren
		Bildungsstandards-Test (Granzer et al., 2008) Mathes 3 (Sikora & Hartke, 2012)
4	Anfang	KEKS 4 (Ricken et al., 2013) DEMAT 3+ (Roick, Gölitz & Hasselhorn, 2004) Bildungsstandards-Test (Granzer et al., 2008) Mathes 3 (Sikora & Hartke, 2012)
	Mitte	KEKS 4 (Ricken et al., 2013) DEMAT 4 (Gölitz, Roick & Hasselhorn, 2006) Bildungsstandards-Test (Granzer et al., 2008)

Erläuterungen: KEKS – Kompetenzerfassung in Kindergarten und Schule; DEMAT – Deutscher Mathematiktest

4.3.2 Lernverlaufsdiagnostik durch CBM

Neben dem halbjährlichen Einsatz von Testverfahren wird die schulische Entwicklung aller Kinder im RIM zusätzlich fortlaufend in kurzen Zeitabständen dokumentiert. Je nach Förderebene werden hierzu Kurztests, sogenannte *curriculum-based measurements* (Curriculumbasierte Messverfahren, CBM), in ein- bis zweiwöchentlichem (Förderebenen II und III) bzw. monatlichem (Förderebene I) Abstand durchgeführt. Auf der Grundlage dieser als Lernfortschrittsdokumentation, Lernverlaufsdiagnostik oder auch formative Leistungsevaluation (Hattie, 2013; Klauer, 2014) bezeichneten Messungen können sowohl die Passung von Lernangebot und Lernausgangslage eines Kindes geprüft als auch Kinder mit Lernschwierigkeiten erkannt werden. Sofern avisierte Entwicklungsergebnisse ausbleiben, ist eine Anpassung der eingesetzten pädagogischen Maßnahmen an die Lernausgangslage angezeigt.

CBM – Was ist das?

Bei CBM handelt es sich um einen Ansatz der Schulleistungsmessung aus den USA, welcher dort bereits seit den 1980er-Jahren entwickelt wird

(Deno, 1985). CBM sind kurze Tests, ähnlich einer täglichen Übung, welche der Lernverlaufsdiagnostik in verschiedenen Lernbereichen dienen (z. B. Deutsch, Mathematik) und wissenschaftlichen Gütekriterien (Objektivität, Reliabilität und Validität) genügen (Deno, 2003). Die Verfahren werden mehrfach im Verlauf des Schuljahres eingesetzt. Allerdings kann nicht immer derselbe Test verwendet werden, da dieser durch Lern- und Erinnerungseffekte leichter werden und somit automatisch zu besseren Ergebnissen führen würde, auch wenn sich ein Kind tatsächlich gar nicht verbessert hat. Daher nutzt man sogenannte Paralleltests. Das bedeutet, dass der Test zwar aus anderen Aufgaben besteht, diese aber im Schwierigkeitsgrad übereinstimmen, sodass eine Vergleichbarkeit zwischen den Tests unmittelbar gegeben ist. Ein Lernfortschritt des Kindes zeigt sich also in einer gestiegenen Punktzahl. Die Messergebnisse können vor dem Hintergrund von Vergleichswerten eingeordnet und interpretiert werden. Bei den Messungen kommt es nicht unbedingt darauf an, sämtliche curricular geforderte Kenntnisse zu begutachten. Vielmehr werden einige wenige Fähigkeiten geprüft, die als repräsentativ für ein breiteres Kompetenzspektrum gelten.

Die Anforderung eines CBM für Schülerinnen und Schüler besteht darin, möglichst viele der gestellten Aufgaben eines Aufgabenblattes zu lösen. Die Bearbeitung erfolgt in der Regel innerhalb einer zeitlichen Vorgabe von meist nur wenigen Minuten. Beispiele für CBM im Bereich Mathematik finden sich in der Abbildung 12. In den dargestellten Beispielen sollen die Schülerinnen und Schüler jeweils möglichst viele der fehlenden Zahlen innerhalb einer Minute ergänzen.

CBM – Wozu sind sie gut?

Mithilfe von CBM kann eine an den Lehrplan angepasste Diagnostik des Lernstandes von Schülerinnen und Schülern stattfinden. Durch den wiederholten Einsatz werden Lernverläufe von Kindern sichtbar, auf deren Grundlage die Wirksamkeit des pädagogischen Handelns einer Lehrperson eingeschätzt werden kann. Die erhaltene Rückmeldung zum Handlungserfolg kann bei nicht zufriedenstellenden Ergebnissen als Anlass genommen werden, den Unterricht bzw. die Förderung zu optimieren.

4 Inklusives Mathematiklernen nach dem Rügener Inklusionsmodell

Zahlzerlegung im Zwanzigerraum

Name: _____
Datum: _____

Ergänze immer die fehlende Zahl

9 / 6 _	13 / 1 _	15 / 9 _	18 / 17 _
20 / 18 _	10 / 3 _	19 / 12 _	18 / 2 _
19 / 7 _	11 / 1 _	19 / 15 _	7 / 2 _
11 / 6 _	16 / 15 _	18 / 6 _	19 / 15 _
20 / 17 _	17 / 9 _	15 / 10 _	4 / 1 _

Addition im Hunderterraum

Name: _____
Datum: _____

Rechne!

9 + 9 = ___	7 + 10 = ___	___ + 5 = 9	26 + 3 = ___
40 + ___ = 50	23 + 23 = ___	54 + 1 = ___	54 + 11 = ___
17 + ___ = 27	59 + ___ = 69	65 + 10 = ___	23 + 14 = ___
___ + 6 = 12	24 + ___ = 48	53 + ___ = 53	52 + 9 = ___
52 + 8 = ___	66 + 7 = ___	___ + 5 = 53	20 + ___ = 63
44 + 7 = ___	45 + 7 = ___	___ + 27 = 65	64 + 26 = ___

Abb. 12: Beispiele für CBM im Bereich Mathematik

4.3 Diagnostik bei Schwierigkeiten im mathematischen Lernprozess

CBM dienen darüber hinaus dazu, die Zusammenarbeit aller an der Förderung beteiligten Pädagoginnen und Pädagogen zu unterstützen. So können die Daten der wiederholten Testungen grafisch aufbereitet werden (▶ Abb. 13), um einen anschaulichen Überblick über die Leistungsentwicklung der Schülerin bzw. des Schülers zu erhalten. Eine solche Übersicht ermöglicht einen schnellen Vergleich zum Klassendurchschnitt (auch ein Jahrgangsdurchschnitt wäre denkbar) und kann gut in Gesprächen mit Eltern, Sonderpädagoginnen bzw. Sonderpädagogen und weiteren Fachleuten genutzt werden.

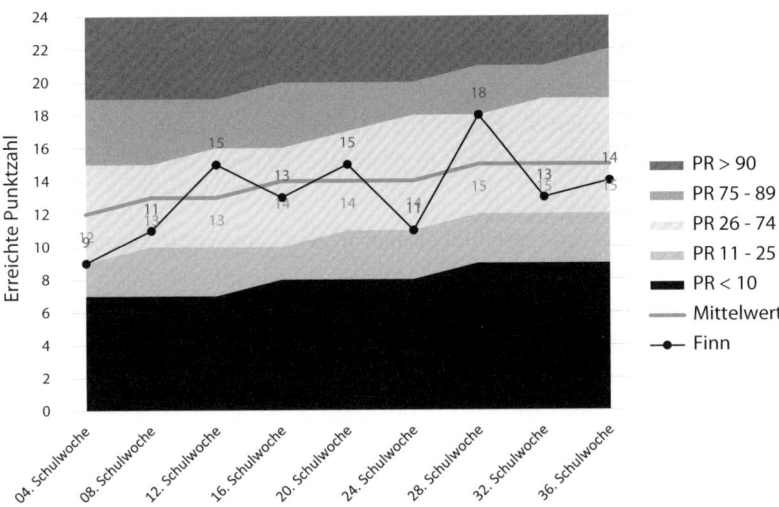

Abb. 13: Beispielgraph einer Lernfortschrittsdokumentation mittels CBM
Erläuterungen: schwarze Linie – Lernverlauf des Schülers Finn; graue Linie – Mittelwert der Vergleichsgruppe von Gleichaltrigen; farbige Flächen – Referenzniveaus zur Klassifikation der Leistungen auf Grundlage der Vergleichsgruppendaten (von oben nach unten: weit überdurchschnittliche, überdurchschnittliche, durchschnittliche, unterdurchschnittliche, weit unterdurchschnittliche Leistungen)

CBM – Welche gibt es?

Während in den USA seit über drei Jahrzehnten intensiv zu CBM geforscht wird und entsprechend viele Verfahren zur Verfügung stehen, steckt die Forschung in Deutschland noch in den Anfängen. Derzeit sind folgende curriculumbasierte Messverfahren zur formativen Evaluation des Mathematikunterrichts in Deutschland frei erhältlich, nämlich

- die »Lernverlaufsdiagnostik – Mathematik für zweite bis vierte Klassen« (LVD-M 2-4) von Strathmann und Klauer (2012), ein Verfahren zur formativen Erfassung der Rechenkompetenzen von Grundschülerinnen und Grundschülern der Klassen zwei bis vier und
- die »Lernfortschrittsdiagnostik: Grundrechenarten« (Hartmann & Müller, 2014), ein Verfahren zur formativen Erfassung der Grundrechenoperationen im Zahlenraum bis 100 (Klasse 1 bis 4).

Die Forschungsgruppe um Souvignier an der Universität Münster konzipiert und evaluiert seit 2009 Verfahren zur Dokumentation des Lernverlaufs im Sinne von CBM. Die Tests werden internetbasiert durchgeführt und ausgewertet (www.quop.de). Auf der Homepage werden aktuell Mathematik-CBM für die Klassenstufen eins bis sechs angeboten (Stand Dezember 2017).

An der Universität Rostock werden durch die Arbeitsgruppe zum Rügener Inklusionsmodell seit 2010 CBM für den Einsatz im Mathematik- und Deutschunterricht in Grundschulen konzipiert und erprobt. Die in diesem Zusammenhang entstandenen CBM für den Bereich Mathematik sind in der Tabelle 6 zusammengefasst dargestellt.

Seit dem Schuljahr 2011/12 wird von der Arbeitsgruppe zum RIM ein internetbasiertes System entwickelt und bereitgestellt, das Lehrkräfte bei der Lernverlaufsdiagnostik im schulischen Alltag unterstützt. Auf dem Internetportal wird der Zugang zu wissenschaftlich geprüften Testverfahren als Kopiervorlage ermöglicht. Dies gilt auch für die in Tabelle 6 aufgeführten CBM. Darüber hinaus ist die Speicherung und grafische Aufbereitung erhobener Ergebnisse der Schülerinnen und Schüler unkompliziert möglich. Das System ist in fortlaufender Weiterentwicklung.

Tab. 6: Im Rahmen des RIM-Konzeptes eingesetzte CBM im Fach Mathematik

Klassenstufe	Zeitpunkt	Name des CBM	Erfasste Kompetenzbereiche (jeweils als einzelne Verfahren verfügbar)
1	Erstes Halbjahr	Mathea 1 (Voß & Hartke, 2010)	• Zahlenlesen im Zwanzigerraum • Zahlenreihe im Zwanzigerraum • Mengenvergleich im Zwanzigerraum • Arithmetisches Basiswissen
	Zweites Halbjahr		• Arithmetisches Basiswissen • Zahlzerlegung im Zwanzigerraum • Addition im Zwanzigerraum • Subtraktion im Zwanzigerraum
2	Erstes Halbjahr	Mathea 2 (Voß, 2011)	• Mengenvergleich im Hunderterraum • Hundertertafel • Addition im Hunderterraum • Subtraktion im Hunderterraum
	Zweites Halbjahr		• Zahlzerlegung im Hunderterraum • Gemischte Aufgaben im Hunderterraum • Kleines Einmaleins • Kleines Einsdurcheins
3	Gesamtes Schuljahr	Mathea 3-4 (Sikora & Voß, 2016d)	• Addition • Subtraktion • Multiplikation • Division
4	Gesamtes Schuljahr	Mathea 3-4 (Sikora & Voß, 2016d)	• Addition • Subtraktion • Multiplikation • Division

Interessierte Lehrkräfte können das Portal über die Internetadresse www.lernverlaufsdiagnostik.de erreichen.

4.3.3 Qualitative Diagnostik

Wird ein Kind in den Schulleistungstests und/ oder CBM wiederholt auffällig, sieht das RIM-Konzept vor, dass sich die Lehrkraft einen genaueren Einblick in die Fähigkeiten und Probleme des jeweiligen Kindes verschafft und versucht, die Gründe der Lernproblematik herauszufinden. Diese qualitative Diagnostik findet als Bestandteil der Förderebene II statt und bezieht sich demnach nicht auf alle Kinder einer Klasse.

Aufgrund des Anspruchs, den individuellen Problemlagen der Kinder gerecht zu werden, und der hohen Komplexität des Faches Mathematik bereits in der Grundschule, kann eine qualitative Diagnostik nur bedingt mithilfe von standardisierten Verfahren erfolgen. Die oben erwähnten Schulleistungstests »Kalkulie« (Fritz et al., 2007) sowie die »Kompetenzerfassung in Kindergarten und Schule – Mathematik« (KEKS; Ricken et al., 2013) können dem Anspruch qualitativer Diagnostik für Schülerinnen und Schüler in den ersten beiden Grundschuljahren zumindest in Ansätzen gerecht werden. Je größer jedoch die Zahlenräume und je komplexer die Themen werden, mit denen sich die Kinder im Unterricht beschäftigen, umso geringere Aussagekraft besitzen die Ergebnisse standardisierter Testverfahren für die Förderplanung.

Zur präzisen qualitativen Erfassung des Lernstandes von Kindern bedarf es in der Regel einer Eins-zu-Eins-Situation. Nur durch Beobachtungen beim Lösungsverhalten sowie durch gezielte Fragen und Gespräche dazu kann die Lehrkraft die Denkwege und Strategien, mit denen das Kind die Aufgaben löst, erkennen und beurteilen, ob sie Ausgangspunkt für ein Weiterlernen sein können oder in eine Sackgasse führen. Dabei sollte sie sich nicht von automatisierten Rechenfakten täuschen lassen: Nur weil ein Kind auswendig weiß, wieviel 7 mal 8 ist, heißt das nicht, dass es auch erklären kann, wie es zum Ergebnis gekommen ist. Eine qualitative Diagnostik muss somit nicht nur prüfen, *ob* das Kind »rechnen kann«, sondern darüber hinaus analysieren, *wie* es dabei vorgeht. Es geht also im Wesentlichen um das Erfassen der

4.3 Diagnostik bei Schwierigkeiten im mathematischen Lernprozess

Vorstellungen eines Kindes hinsichtlich der zugrunde liegenden mathematischen Sachverhalte.

Qualitative Diagnostik stellt Lehrkräfte vor eine große fachliche Herausforderung. Zwar gibt es diesbezügliche Publikationen (u. a. Wehrmann, 2003; Sundermann & Selter, 2013; Wartha & Schulz, 2013; Zimmermann, 2011) sowie vereinzelte Verfahren und Handreichungen, welche Lehrerinnen und Lehrer beim Diagnostizieren unterstützen (u. a. Deutscher, 2012; Wittmann & Müller, 2015a), allerdings konzentrieren sich die bisherigen Veröffentlichungen entweder nur auf bestimmte Inhaltsbereiche (z. B. Ablösung vom zählenden Rechnen oder die Einführung der Multiplikation) oder auf eingegrenzte Zahlenräume bzw. Klassenstufen.

Aus diesem Grund wurde an der Universität Rostock das *Navigationssystem Mathematik* entwickelt (kurz: Mathe-Navi; auch beschrieben in Sikora, 2016). Es handelt sich dabei um einen diagnostischen Leitfaden mit zugehörigen Aufgabenblättern bzw. Analysebögen, nach dem Lehrkräfte vorgehen können, um genaue Einblicke in den Wissens- und Entwicklungsstand eines Kindes in den arithmetischen Kerninhaltsbereichen der Klassenstufen eins bis vier zu erhalten. Dazu wurden die für das mathematische (Weiter-)Lernen grundlegenden Basiskompetenzen entsprechend der Entwicklungslogik und Fachsystematik in eine Reihenfolge gebracht. Das Mathe-Navi beruht somit auf einem Entwicklungsmodell, das Lehrkräften als Orientierung für den Mathematikunterricht im Sinne eines Fahrplans zu erarbeitender Basiskompetenzen dient. Das Konzept steht mit dazugehörigen Diagnoseblättern in einer vorläufigen Version Lehrkräften in Mecklenburg-Vorpommern zur Verfügung und wird dort seit einigen Schuljahren bereits erfolgreich zur Diagnostik und Förderplanung eingesetzt. Durch die praktische Erprobung wurden Hinweise von Lehrkräften zur Verbesserung des Materials generiert, welche insbesondere dessen Praktikabilität im schulischen Alltag betreffen. Daher wird das Mathe-Navi derzeit überarbeitet, zudem ist eine Handreichung mit Erklärungen zur Diagnosestellung sowie Hinweisen zur Förderung der jeweiligen Basiskompetenz in Vorbereitung. Sobald die Forschungsarbeit abgeschlossen ist, soll das Mathe-Navi über die Internetseite www.lernverlaufsdiagnostik.de bundesweit zugänglich gemacht werden.

4.3.4 Sonderpädagogische Diagnostik bei massiven bzw. überdauernden Schwierigkeiten beim Mathematiklernen

Verbessert sich ein Kind trotz intensiver Förderung auf den Förderebenen II und III nicht in dem Maße, dass es voraussichtlich die Mindeststandards der Grundschule erfüllen kann, werden die Ergebnisse der kooperativen Fallberatung (▶ Kap. 4.4.3), deren Datengrundlage, Analyseergebnisse und Beschlüsse sowie sich anschließende ergänzende Untersuchungen der pädagogischen Situation des Kindes in einem sogenannten Präventionsgutachten (Voß, 2017) zusammengefasst. Die Begutachtung erfolgt dabei nicht mit dem Ziel der Feststellung des sonderpädagogischen Förderbedarfs, vielmehr gilt es, Art und Ausmaß der Leistungs- und Entwicklungsrückstände präzise darzustellen und das Bedingungsgefüge der Lernproblematik zu analysieren.

Dadurch wird sichergestellt, dass die mathematischen Probleme des Kindes nicht durch Störungen in anderen Bereichen, wie zum Beispiel Schädigungen des Hör- oder Sehvermögens, emotional-soziale Probleme oder Aufmerksamkeitsstörungen, verursacht sind. Die Sonderpädagogin bzw. der Sonderpädagoge betrachtet differenziert alle Bereiche mithilfe psychologischer und weiterer Testverfahren, die für die ungenügenden mathematischen Lernfortschritte verantwortlich sein können. Somit bildet das Präventionsgutachten die Basis für eine mehrere Bereiche umfassende, intensive Förderung auf der Förderebene III (▶ Kap. 4.5).

4.4 Förderebene II: der mathematische Förderunterricht

4.4.1 Die Organisation der Förderebene II

Kinder, die von einem auf Verständnis ausgerichteten Mathematikunterricht ergänzt durch gezielte unterrichtsintegrierte Hilfen bei Lernschwie-

4.4 Förderebene II: der mathematische Förderunterricht

rigkeiten (Förderebene I) nicht in ausreichendem Maße profitieren, sollten spezifische zusätzliche Fördermaßnahmen erhalten. Dabei ist irrelevant, ob die mathematischen Leistungen eines Kindes in Diskrepanz zu den kognitiven Fähigkeiten oder weiteren schulischen Leistungen stehen oder nicht (▶ Diskrepanzkriterium in Kap. 2.3.1). Stattdessen wird im RIM der Fokus der Förderung auf das gesamte untere Leistungsquartil (Prozentrang kleiner bzw. gleich 25) erweitert, da diese Kinder nachweislich deutliche Schwierigkeiten beim Erwerb mathematischer Kompetenzen haben und von zusätzlichen spezifischen Fördermaßnahmen profitieren können (▶ Kap. 2.3).

Ausgehend von den gesammelten Informationen über die Fähigkeiten und Wissensstände bzw. -lücken eines Kindes auf Grundlage der verschiedenen in Kapitel 4.3 dargestellten diagnostischen Maßnahmen (Ergebnisse in Schulleistungstests, CBM und im Mathe-Navi) wird ein individueller Förderplan entwickelt, der im laufenden Regelunterricht und zusätzlich auf der Förderebene II durch die Grundschullehrkraft umgesetzt wird. Neben unterrichtsimmanenten Unterstützungsmaßnahmen wird eine Förderung in Kleingruppen von maximal vier bis sechs Kindern für wöchentlich eine bzw. zwei Stunden realisiert.

Die für die zusätzliche Förderung benötigten Lehrerstunden stammen aus dem Schulbudget (z. B. aus dem Ganztagspool oder aus Stunden für Förderung und Teilung). Das bedeutet nicht, dass an den nach dem RIM arbeitenden Schulen keine kulturellen oder sportlichen Angebote stattfinden. Vielmehr zeigte sich bei einer Analyse der schulischen Rahmenbedingungen (Voß et al., 2016), dass auch in Grundschulen, die nach dem herkömmlichen Schulsystem Mecklenburg-Vorpommerns arbeiten, viele Unterrichtsstunden für zusätzliche Förderangebote aufgewendet werden (können).

Die Förderarbeit auf der Förderebene II orientiert sich eng am aktuellen Unterrichtsgeschehen und soll den Kindern durch die Auseinandersetzung mit den wesentlichen Unterrichtsinhalten entsprechend den in Kapitel 2.2 dargestellten Modellannahmen zu zentralen mathematischen Einsichten verhelfen, um so die Grundlage für ein erfolgreiches Weiterlernen zu schaffen. Dieses sogenannte lückenschließende Lernen hat u. a. zum Ziel, die zentralen mathematischen Basiskompetenzen (▶ Infobox 5) zu erarbeiten und zu automatisieren.

Durch die zusätzlichen Zuwendungsmöglichkeiten in den Kleingruppen erhält die Lehrkraft einen noch genaueren Einblick in die Lösungsstrategien der Kinder (▶ qualitative Diagnostik in Kap. 4.3.3). Gespräche über individuelle Lösungswege und damit verbundenes bewusstes Reflektieren über mathematische Sachverhalte und Zusammenhänge unterstützen die Kinder beim Erwerb eines gesicherten Zahl- und Operationsverständnisses (▶ Merkmal »Kommunikations- und Feedbackkultur« in Kap. 3.6). Die kleinen Gruppen bieten eine Gelegenheit, verschiedene Vorgehensweisen zu analysieren, ggf. zu überdenken und so die zentralen Inhalte wiederholend und kleinschrittig zu erarbeiten. Den Anschauungsmaterialien des Zahlenbuchs zur Darstellung mathematischer Strukturen (▶ Kap. 4.2) kommt dabei eine Schlüsselrolle zu, da anhand derer die Sachverhalte handelnd nachvollzogen und auf ein höheres Abstraktionsniveau übertragen werden können (▶ Merkmal »Abstraktionsprozesse unterstützende Darstellungsmittel« in Kap. 3.4).

Die Arbeit in den Fördergruppen unterscheidet sich also inhaltlich prinzipiell nicht von der Arbeit im Unterricht, jedoch werden hier vermehrt auch lehrkraftzentrierte Vermittlungsmethoden effektiv eingesetzt (▶ Merkmal »Adaptive Lehrkraftlenkung« in Kap. 3.2), womit begründete Hoffnungen auf erwünschte Fördererfolge verbunden sind.

4.4.2 Zur Förderung eingesetzte Materialien

Zur Erreichung der Lernziele werden vorrangig die Materialien des aus dem Unterricht bekannten Zahlenbuchs herangezogen, wie beispielsweise das bereits in Kapitel 4.2 erwähnte für jede Klassenstufe vorhandene Arbeitsheft »Verstehen und Trainieren« (Wittmann & Müller, 2010). Somit ist gewährleistet, dass sich die Kinder nicht immer wieder neu in den Umgang mit Materialien und Übungsformaten hineindenken müssen, sondern sich auf den Inhalt der Förderung konzentrieren können. Anfang des Jahres 2015 ist mit der Handreichung »Fördern und Diagnose mit dem Blitzrechenkurs« (Wittmann & Müller, 2015a) ein systematisches Förderprogramm auf der Grundlage des Blitzrechenkurses erschienen. Zusätzlich gibt es mit dem auf den Blitzrechenkurs zugeschnittenen jahrgangsweisen Arbeitsheft »Vernetzen und Automatisieren« (Wittmann

& Müller, 2015b) ein schriftliches Zusatzmaterial zur Handreichung, das weitere Aufgabenserien zu den Blitzrechenübungen beinhaltet und z. B. auch für Hausaufgaben- oder für Freiarbeitsphasen im Unterricht genutzt werden könnte.

Zur Veranschaulichung abstrakter mathematischer Sachverhalte bietet das Zahlenbuchmaterial hervorragende Strukturierungshilfen für rechenschwache Kinder. So sind beispielsweise Wendeplättchen (Plättchen mit einer roten und einer blauen Seite) sehr gut geeignet, um Zahlzerlegungen darzustellen und ein mathematisches Verständnis für diese bei den Kindern zu erzeugen (▶ Abb. 11). Weitere Strukturierungshilfen sind das Zwanziger- und das Hunderterfeld sowie das Tausender- und das Millionbuch. Die am Ende des Kapitels 4.2 vorgestellten Literaturempfehlungen können darüber hinaus wertvolle Impulse für die Förderarbeit geben. Die darin enthaltenen Anregungen für Unterricht und Förderung sind hoch kompatibel mit den Zahlenbuchmaterialien und bedürfen keiner Einarbeitungszeit für die Schülerinnen und Schüler.

Ergänzend zu den Zahlenbuchmaterialien eignen sich verschiedene Förderprogramme für die pädagogische Arbeit auf der Förderebene II. Zum einen kann bis Klasse 3 das Förderprogramm Kalkulie (Gerlach, Fritz, Ricken & Schmidt, 2007) eingesetzt werden, das sich auf das in der Infobox 1 vorgestellte Kompetenzstufenmodell stützt (Fritz et al., 2007). Das Programm gliedert sich in drei Bausteine, die exemplarische Fördereinheiten zu mathematischen Grundkenntnissen enthalten. Im ersten Baustein werden die zentralen »Nadelöhre«, die als wesentliche Voraussetzungen für erfolgreiches Mathematiklernen in der Schule gelten, thematisiert. Die beiden weiteren Bausteine dienen der Erweiterung und Strukturierung des Zahlenraums bis 20 (Baustein 2) und der Entwicklung nicht-zählender Rechenstrategien (Baustein 3).

Weiterhin kann auf der Förderebene II das computergestützte Förderprogramm »Rechenspiele mit Elfe und Mathis« (Lenhard & Lenhard, 2010) eingesetzt werden, das sich an Kinder erster bis fünfter Klassen richtet. Spielerisch sollen mathematische Inhalte der Bereiche Mengen, Zahlen, Sachaufgaben, Rechnen und Geometrie auf einer von drei Schwierigkeitsstufen bearbeitet werden. Die Effektivität des Einsatzes der Software konnte in einer Studie mit insgesamt 395 Kindern empirisch belegt werden (Lenhard, Lenhard, Schug & Kowalski, 2011).

4.4.3 Prüfung der Fördererfolge

Auf der Förderebene II wird die Frequenz des Einsatzes der CBM auf wöchentlich (in den Klassenstufen 1 und 2) bzw. auf zweiwöchentlich (in den Klassenstufen 3 und 4) erhöht. Die Ergebnisse der Kinder sollen eine schnelle Rückmeldung über den Erfolg der Förderung gewährleisten. Diejenigen Kinder, deren Lernentwicklung positiv verläuft, müssen nicht mehr zusätzlich auf Förderebene II gefördert werden. Sie werden dann ausschließlich im Klassenverband auf Förderebene I (▶ Kap. 4.2) unterrichtet.

Die Entscheidung, welches Kind auf welcher Förderebene lernt, wird zyklisch, etwa alle zehn Schulwochen, hinterfragt. Dazu analysieren alle an der Förderung beteiligten Pädagoginnen und Pädagogen im Rahmen von Teamberatungen die Leistungsentwicklung aller Schülerinnen und Schüler einer Klasse. Darauf aufbauend werden die Fördergruppen für den nächsten Förderzyklus gebildet.

4.5 Förderebene III: die sonderpädagogische Mathematikförderung

4.5.1 Die Organisation der Förderebene III

Kinder, die nicht in ausreichendem Maße von den Unterrichts- und Förderangeboten der Förderebenen I und II profitieren, werden zusätzlich auf der Förderebene III im Rahmen von Einzelfallhilfen intensiv unterstützt. Während die Maßnahmen auf den Förderebenen I und II im Aufgabenfeld der Grundschullehrkraft liegen, trägt auf der Ebene III die Sonderpädagogin bzw. der Sonderpädagoge (in Kooperation mit der Grundschullehrkraft) die Verantwortung für die Förderung.

Auf Basis der in Kapitel 2.3.2 vorgestellten Prävalenzen von Rechenschwierigkeiten ist davon auszugehen, dass bis zu 10 % aller Schülerinnen und Schüler große Probleme im Mathematikunterricht haben. Daher werden diejenigen Kinder in die Förderung auf der Förderebene III

4.5 Förderebene III: die sonderpädagogische Mathematikförderung

aufgenommen, deren Leistungen in den standardisierten Schulleistungstests und/ oder CBM zu den schwächsten 10 % zählen (Prozentrang kleiner bzw. gleich zehn). Für eine Förderung auf der Förderebene III bedarf es somit vorab keiner förmlichen Feststellung eines sonderpädagogischen Förderbedarfs. Stattdessen entscheiden die Schulen selbstständig und nach aktuellen Bedarfen, wie die Sonderpädagogikstunden verteilt werden.

Für die sonderpädagogische Förderung der Kinder auf der Förderebene III erhalten die Rügener Grundschulen systembezogene Personalressourcen. Die Sonderpädagogikstunden, die vor der Umsetzung des RIM für herkömmliche, meist separierende Fördersysteme (Allgemeine Förderschule, Diagnoseförderklassen, LRS-Klassen, Klassen bzw. Lerngruppen mit dem Förderschwerpunkt Sprache oder emotional-soziale Entwicklung) sowie für den bisherigen Gemeinsamen Unterricht aufgewendet wurden, werden den Grundschulen zugunsten einer sonderpädagogischen Grundversorgung zugewiesen. Dies folgt der Annahme, dass alle Schulen über ein Spektrum an sonderpädagogischen Hilfen für Kinder mit Risiken verfügen sollten. Für den Projektjahrgang konnten für die sonderpädagogische Förderung Stunden mit dem Faktor 0.18 pro Grundschulkind aufgewendet werden. Einer kleinen Grundschule mit ca. 150 Kindern gehört somit etwa eine Sonderpädagogin bzw. ein Sonderpädagoge mit voller Stundenzahl an, sodass diese bzw. dieser jeder Klasse etwa vier Förderstunden zusätzlich zum Unterricht der Förderebene I (Regelunterricht) und der Förderung auf der Förderebene II (Kleingruppenförderung) zur Verfügung steht.

Inhaltlich und methodisch unterscheidet sich die Arbeit auf der Förderebene III nicht grundlegend von der auf der Förderebene II (▶ Kap. 4.4). Das Vorgehen ist aber noch zielgerichteter, kleinschrittiger und strukturierter, die Unterstützung und Zuwendung der Sonderpädagogin bzw. des Sonderpädagogen damit noch intensiver. Durch die sonderpädagogische Expertise wird die Förderung je nach Bedarf auch weiteren Förderbedürfnissen des Kindes besser angepasst und beispielsweise mit Methoden der Sprach- oder Aufmerksamkeitsförderung kombiniert. Das besondere Merkmal der Förderebene III ist also (a) eine noch differenziertere Betrachtung der Lernausgangslage des Kindes im mathematischen Bereich, (b) eine zusätzliche differenzierte Betrachtung weiterer Risiken für den mathematischen Kompetenzerwerb wie z. B. Schwierigkeiten in der Aneignung der mathematischen Fachbegriffe bzw. des Wortschatzes aufgrund spezifischer Sprachentwicklungsstörungen und eine (c) darauf abgestimmte, noch zielgerichtetere Förderung.

Die nachfolgende Infobox 7 fasst die Prinzipien effektiver Mathematikförderung, welche in den vorherigen Abschnitten bereits ausführlich erläutert wurden, zusammen.

Infobox 7: Sieben Prinzipien effektiver Mathematikförderung bei Schülerinnen und Schülern mit Lernschwierigkeiten (nach Fuchs et al., 2008)

- Explizite Instruktion: Insbesondere bei der Erarbeitung von Rechenstrategien und -fakten ist ein lehrkraftzentriertes, explizites Vorgehen sehr wirksam.
- Formulierung erreichbarer Lernziele: Lern- und Verständnisschwierigkeiten soll vorgebeugt werden, indem der zu vermittelnde Lernstoff in überschaubare, realistische Einheiten untergliedert wird.
- Fachliche Fundierung: Die Orientierung an mathematischen Strukturen schafft Verständnis und dient der Erarbeitung eines tragfähigen Fundaments.
- Systematische und häufige Übung: Den größten Teil der Förderung muss das Üben einnehmen. Dabei steht zunächst der Verständnisaufbau im Vordergrund, anschließend sind grundlegende mathematische Fakten zu automatisieren.
- Beständige Wiederholung des Lernstoffs: Regelmäßige Auffrischungen sichern die Verfügbarkeit von erarbeitetem Wissen für nachfolgende Lernprozesse.
- Verstärkung positiven Lern- und Arbeitsverhaltens: Negative Assoziationen mit dem Mathematiklernen aufgrund bisherigen Misserfolgserlebens sollten durch positive Selbstwirksamkeitserfahrungen kompensiert werden. Hier sind insbesondere die Vorteile der Lernverlaufsdiagnostik bei der individuellen Leistungsbeurteilung zu nutzen.
- Stetige Überwachung des Lernverlaufs: Regelmäßiges Monitoring der Lernfortschritte wird als wichtigstes Prinzip effektiver Förderung angesehen.

4.5 Förderebene III: die sonderpädagogische Mathematikförderung

Der Fokus der mathematischen Förderung liegt verstärkt auf der handelnden Ebene, ohne dass Übungen zur Automatisierung von Rechenfertigkeiten vernachlässigt werden. Zum Erreichen der Förderziele werden in einer Einzelsituation oder in Kleinstgruppen bis maximal drei Kinder die mathematischen Basiskompetenzen durchgängig kleinschrittig und explizit instruierend (▶ Merkmal »Reagieren auf Lernschwierigkeiten« in Kap. 3.9) erarbeitet. Die Sonderpädagogin bzw. der Sonderpädagoge zeigt dem Kind dabei beispielsweise einen übersichtlich strukturierten Lösungsweg, wie z. B. eine Ergänzungsstrategie bei der Addition, und übt diesen gemeinsam an inhaltlich prägnanten Übungsbeispielen. Je sicherer das Kind in der Anwendung dieser Strategie wird, umso weniger unterstützt die Sonderpädagogin bzw. der Sonderpädagoge bei der Lösung der Übungsaufgaben. Durch dieses explizite Vorgehen soll sichergestellt werden, dass auch Kinder mit ausgeprägten Lernschwierigkeiten die zentralen Entwicklungsstufen des Mathematikunterrichts erreichen und möglichst wieder Anschluss an den Regelunterricht finden.

Zeigt ein Kind einen Leistungsanstieg, der durch weitere Förderung auf der Förderebene II den Anschluss an den Regelunterricht ermöglicht, gilt die Förderung auf Ebene III als abgeschlossen. Dieses Kind wird fortan wieder ausschließlich im Regelunterricht (Förderebene I) und auf Förderebene II zusätzlich in einer Kleingruppe unterrichtet.

Trotz einer hervorragenden Förderung wird es vereinzelt Kinder geben, die wesentlich langsamer lernen als ihre Mitschülerinnen und Mitschüler und deutliche Lernrückstände entwickeln. Diese Kinder werden nach einer präzisen sonderpädagogischen Diagnostik ihres individuellen Lern- und Entwicklungsstandes, deren Ergebnisse in einem Präventionsgutachten festgehalten werden (▶ Kap. 4.3.4), zieldifferent durch die Grundschullehrkraft im Regelunterricht auf der Förderebene I beschult sowie auf der Förderebene II und zusätzlich individuell durch die Sonderpädagogin bzw. den Sonderpädagogen auf der Förderebene III gefördert. Durch die zieldifferente Beschulung sollen individualisierte Unterrichtsinhalte und Basiskompetenzen entsprechend dem jeweiligen Lern- und Entwicklungsstand des Kindes erarbeitet werden. Die Leistungsbewertung erfolgt in diesem Fall nicht nach den allgemeinen Standards der Grundschule, sondern auf der Grundlage eines intraindividuellen Vergleichs.

In wenigen Einzelfällen kann es sinnvoll sein, eine Klassenwiederholung aufgrund weiterer Schulleistungsrückstände in Betracht zu ziehen. Dabei sollten jedoch nicht nur die Lerngegenstände des wiederholten Schuljahres noch einmal behandelt werden. Vielmehr sollte die zusätzliche Lernzeit dafür genutzt werden, auf allen Förderebenen gezielt an den jeweiligen Verständnisproblemen und Wissenslücken des Kindes zu arbeiten. Die Entscheidung, ob und wann eine Klassenwiederholung erfolgen soll, kann nicht pauschal getroffen werden. Zu diesem Zweck gilt es, die pädagogische Gesamtsituation des Kindes in den Blick zu nehmen und behutsam das Für und Wider der Maßnahme abzuwägen.

Die nachfolgende Infobox 8 zeigt Konflikte einer zieldifferenten Mathematikförderung auf und gibt Hinweise zu deren Lösung.

Infobox 8: Zum Umgang mit Lernrückständen bei der mathematischen Förderung

Aufgrund des kumulativen und hierarchischen Aufbaus des mathematischen Kompetenzerwerbs (▶ Kap. 2.2) ergibt sich, dass es mitunter nötig sein kann, mit einer Dritt- oder Viertklässlerin bzw. einem Drittoder Viertklässler Inhalte aus Klasse 1 zu wiederholen, da eine Mathematikförderung ohne ein stabiles mathematisches Grundwissen wenig aussichtsreich ist. Dabei kann die Lehrkraft leicht in einen Zwiespalt geraten, da sie die Erreichung der Standards der dritten bzw. auch der vierten Klasse in Gefahr sieht. Auch auf persönlicher, emotionaler Ebene ergeben sich für die Lehrkraft möglicherweise Bedenken, weil sie sich der Frage ausgesetzt sieht, was sie in den vergangenen Schuljahren bei der Schülerin bzw. dem Schüler erreicht und ob sie Fehler gemacht hat. Es gilt, sich von solchen Überlegungen zu lösen und sich zu vergegenwärtigen, dass es in der »Natur der Sache« liegt, dass sich erst in höheren Zahlenräumen Lücken zeigen, da sie vorher durch schwer beobachtbare, längerfristig ineffektive, aber in niedrigen Zahlenräumen erfolgreiche Strategien verborgen waren (z. B. zählendes Rechnen). Wie bereits an mehreren Stellen erläutert wurde, ist insbesondere bei lernschwachen Schülerinnen und Schülern nicht davon auszugehen, dass sich die Problematik in Mathematik »verwächst«. Vielmehr müssen »Aha«-Momente gerade bei lern- und rechenschwachen Schülerinnen und Schülern gezielt erzeugt werden, da sie grundlegende

Konzepte und Strategien nur bruchstückhaft beherrschen und es an zentralen Einsichten und darauf aufbauenden effektiven Rechenstrategien mangelt. Werden Wissenslücken jedoch gezielt geschlossen, kann das auch eine Chance bedeuten, nämlich dass der Lernrückstand möglicherweise schneller aufgeholt wird, als die Lehrkraft es dem Kind je zugetraut hätte.

Leider steht an manchen Stellen die fachliche Notwendigkeit, inhaltlich so weit zurückzugehen, im Widerspruch zu psychologischen und sozialen Gelingensbedingungen einer guten Förderung. In der Regel ist damit Rechnen im kleinen Zahlenraum verbunden, was den Kindern natürlich das Gefühl gibt, schlecht zu sein. Deshalb ist es nur allzu verständlich, dass sie sich danach sehnen, nicht mehr solche »leichten« Aufgaben rechnen zu müssen, sondern die spannenderen aktuellen mathematischen Aspekte zu bearbeiten, mit denen sich ihre Klassenkameradinnen und -kameraden beschäftigen. Zur Vermeidung beiderseitiger Enttäuschung und zur Aufrechterhaltung der Motivation ist es deshalb von besonderer Bedeutung, dem Kind den Sinn aufzuzeigen, weshalb es wieder im kleinen Zahlenraum oder an einfachen Inhalten arbeiten soll. Dem Kind muss vor Augen geführt werden, warum es dies noch einmal wiederholen muss, auch wenn es sich durch die »leichten« Aufgaben vielleicht unterfordert fühlt bzw. negative Gefühle ausgelöst werden. Hierbei können Beispiele aus dem aktuellen Unterrichtsstoff helfen, an denen erläutert wird, wie wichtig ein sicheres Beherrschen von sogenannten Grundaufgaben ist (z. B. bei schriftlichen Rechenverfahren). Nur durch solche Orientierungshilfen können die Bedenken des Kindes genommen und die Motivation gesteigert werden.

4.5.2 Zur Förderung eingesetzte Materialien

Neben den bereits vorgestellten Materialien (▶ Kap. 4.2 und ▶ Kap. 4.4.2), die auch für die Förderarbeit auf der Förderebene III überaus geeignet sind, können beispielsweise die auf die Entwicklung elementarer arithmetischer Konzepte abhebenden Förderprogramme »Mengen, zählen, Zahlen«

(MzZ; Krajewski, Nieding & Schneider, 2007) oder MARKO-T (»Mathematik- und Rechenkonzepte im Vor- und Grundschulalter – Training«; Gerlach, Fritz & Leutner, 2013) genutzt werden. Diese richten sich zwar an Kinder im Vorschulalter, sind jedoch auch nachweislich bei der Förderung rechenschwacher Schülerinnen und Schüler im Anfangsunterricht wirksam (MzZ: z. B. Ennemoser, Sinner & Krajewski, 2015; MARKO-T: z. B. Ehlert & Fritz, 2016). Beide Programme liefern umfangreiches Material zur Förderung der mathematischen Basiskompetenzen und sind geeignet, die Grundlage für die weiterführende Schulmathematik zu schaffen.

Neben den bereits vorgestellten Materialien kann auch das Förderprogramm »Produktives Lernen für Kinder mit Lernschwächen: Fördern durch Fordern« (Scherer, 2012, 2014a, 2014b) für die Förderarbeit herangezogen werden. Werden andere Konzepte und Materialien, die ebenfalls den in Kapitel 3 beschriebenen Anforderungen entsprechen, fachlich angemessen verwendet, kann auch dies zu guten Fördererfolgen führen.

4.5.3 Überprüfung der Fördererfolge

Analog zum Vorgehen auf der Förderebene II wird der Fördererfolg auf der Förderebene III kleinschrittig evaluiert (▶ Kap. 4.3.2), sodass die Entscheidung, welches Kind auf welcher Förderebene gefördert werden muss, zyklisch erneuert werden kann. Zeigen die CBM, dass das Kind durch die Maßnahmen auf der Förderebene III wieder den Anschluss an das aktuelle Unterrichtsgeschehen gefunden hat, ist die Förderung auf der Förderebene III abgeschlossen (s. o.). Dennoch wird es vereinzelt Kinder geben, die trotz intensiver Förderung auf den Förderebenen II und III deutlich langsamer Lernfortschritte erzielen als ihre Mitschülerinnen und Mitschüler. Gerade bei diesen Kindern ist es zur Aufrechterhaltung der Motivation wichtig, dass ihnen ihre individuellen Fördererfolge verdeutlicht werden. Dabei können die auf der Grundlage der CBM-Ergebnisse erstellten Lernentwicklungsdiagramme (▶ Abb. 13) behilflich sein. Betroffenen Kindern ist das Erreichen von »Meilensteinen« in der individuellen Kompetenzentwicklung bzw. von zentralen Lernzielen innerhalb eines individuellen Förderplans gezielt zurückzumelden.

4.6 Zusammenfassung

Die Ausführungen zum Mathematikunterricht nach dem Rügener Inklusionsmodell in Kapitel 4 sind in erster Linie als Antwort auf die organisatorisch-strukturelle (▶ Kap. 1.3), jedoch auch auf die inhaltliche Herausforderung (▶ Kap. 1.2) schulischer Inklusion für Lehrkräfte zu verstehen. Hierbei bilden die Kernelemente des Response-to-Intervention-Ansatzes das rahmende Gerüst. Durch festgelegte Strukturen, Verantwortungsbereiche und Handlungsabläufe soll organisatorisch-strukturellen Herausforderungen in der inklusiven Schule begegnet werden.

Es werden Methoden und Materialien verwendet, die wissenschaftlichen Standards genügen und nachweislich nützlich für den Aufbau von mathematischem Verständnis und von Fertigkeiten sind (*Anspruch der Evidenzbasierung*). Dadurch soll sichergestellt werden, dass der Unterricht qualitativ hochwertig gestaltet wird und möglichst viele Kinder erreicht.

Mittels wissenschaftlich geprüfter Verfahren (Schulleistungstests und CBM) werden diejenigen Kinder frühzeitig erkannt, die besonderer Unterstützung bedürfen (*Screeningroutinen zur Früherkennung*). Die regelmäßige Diagnostik der mathematischen Kompetenzen der gesamten Klasse hilft der Lehrkraft dabei, die für zusätzliche Fördermaßnahmen infrage kommenden Schülerinnen und Schüler (möglichst noch vor der Ausbildung größerer Lernschwierigkeiten) zu erkennen. Zudem erhält die Lehrkraft eine Rückmeldung zur generellen Wirksamkeit ihres Unterrichts, indem sie die Leistungen ihrer Schülerinnen und Schüler zu mehreren Zeitpunkten einsehen und den mittleren Leistungsstand mit repräsentativen Normdaten vergleichen kann (*Lernverlaufsdiagnostik*).

Profitieren Kinder nicht ausreichend von der realisierten Förderung im Regelunterricht (Förderebene I), werden sie auf der Förderebene II in Kleingruppen zusätzlich zum Unterricht unterstützt (*Mehrebenenprävention*). Bei großen Lernrückständen setzt außerdem eine sonderpädagogische Förderung auf der Förderebene III ein. Alle an der Förderung beteiligten Pädagoginnen und Pädagogen treffen sich regelmäßig, um auf Grundlage der Daten der Schülerinnen und Schüler zukünftige Fördermaßnahmen zu planen und abzustimmen (*datenbasierte Förderentscheidungen*). Dadurch ist eine hohe Durchlässigkeit der Arbeit auf den

Förderebenen gewährleistet. Bei ausbleibenden Lernerfolgen wird die Förderung mit zunehmender Förderebene immer intensiver und spezifischer, bei positiven Lernfortschritten kann die Förderung auf einer höheren Förderebene aber auch zeitnah wieder beendet werden.

Um zu visualisieren, wie die durch den RTI-Ansatz vorgegebenen Strukturen im Rahmen des RIM inhaltlich gefüllt werden, ist in folgender Abbildung 14 das Vorgehen im Fach Mathematik zusammenfassend dargestellt.

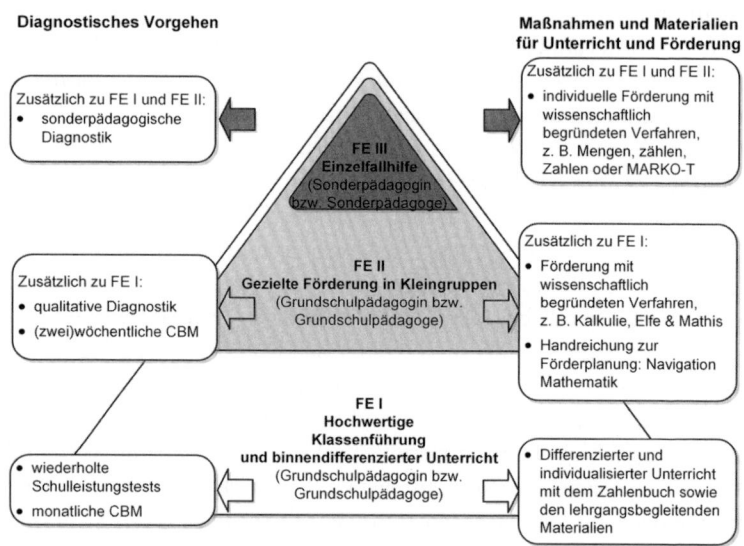

Abb. 14: Übersicht des RIM-Konzeptes für den Bereich Mathematik
Erläuterungen: CBM – Curriculumbasierte Messverfahren; FE – Förderebene

Durch das Zusammenspiel der in der Abbildung 14 in Beziehung zueinander gesetzten Elemente sollen Kinder mit anfangs noch leichteren Lernrückständen im Fach Mathematik davor bewahrt werden, dass sich ihre Probleme ausweiten und weitreichende negative Folgen auftreten. Kinder, die dennoch deutliche Leistungsrückstände entwickeln, werden mithilfe der genannten Methoden und Materialien zieldifferent inklusiv unterrichtet.

5 Fazit

Ausgangspunkt des vorliegenden Buches ist die Herausforderung schulischer Inklusion für Lehrpersonen. Innerhalb einer ersten Auseinandersetzung damit wurden im ersten Kapitel Aufgaben und Fragen auf unterschiedlichen Ebenen herausgearbeitet und konkretisiert (▶ Abb. 1). Als mögliche Antworten wurden in drei Schwerpunktkapiteln (a) grundlegende Überlegungen und Befunde zum mathematischen Lernen in der Grundschule zusammengefasst (▶ Kap. 2), (b) spezifische Merkmale eines inklusionsförderlichen Mathematikunterrichts ausgearbeitet und begründet (▶ Kap. 3) sowie (c) die Konzeption des Mathematikunterrichts und der mathematischen Förderung nach dem Rügener Inklusionsmodell dargelegt (▶ Kap. 4).

Während die Kapitel 2 und 3 in erster Linie Wissensaspekte aufgreifen und damit der Bewältigung der inhaltlichen Herausforderungen schulischer Inklusion im Bereich Mathematik begegnen (▶ Kap. 1.2), werden diese Gesichtspunkte im Kapitel 4 im Kontext schulstruktureller und -organisatorischer Überlegungen (Aufgaben, Vorgehensweisen und Verantwortungsbereiche, konkrete diagnostische, Unterrichts- und Fördermaterialien) konkretisiert und geben damit nicht nur Antworten auf inhaltliche, sondern auch auf organisatorisch-strukturelle Herausforderungen eines inklusiven Mathematikunterrichts (▶ Kap. 1.3). Die Grundlage bildet dabei der Response-to-Intervention-Ansatz. Dieser ist gekennzeichnet durch die Kernelemente Mehrebenenprävention, Lernverlaufsdiagnostik als Basis formativer Evaluation des Unterrichts bzw. der Förderung sowie datengeleiteter Förderentscheidungen und dem Anspruch des evidenzbasierten pädagogischen Arbeitens. Alle drei genannten Elemente erfahren gegenwärtig hohe Aufmerksamkeit im fachlichen Diskurs über schulische Prävention, Inklusion und optimale

Förderung. RTI zeichnet sich dabei zum einen durch seine Flexibilität und Adaptivität bezüglich der individuellen Lernentwicklung von Schülerinnen und Schülern (RTI verfolgt als adaptives Fördersystem keine statische Zuweisung in Förderstrukturen) sowie zum anderen bezüglich des Gestaltungsspielraums von Lehrerinnen und Lehrern aus (RTI als Rahmengerüst ist auf individuelle Voraussetzungen, Materialien und Strukturen in Schulen anwendbar).

Dass das US-amerikanische RTI-Konzept auch in Deutschland erfolgreich implementiert werden kann und damit positive Effekte hinsichtlich der Leistungen der Schülerinnen und Schüler sowie der allgemeinen schulischen Entwicklung erzielt werden, belegen die umfangreichen Befunde der Begleitforschung zum Rügener Inklusionsmodell (Voß et al., 2016). Die Resultate der über mehrere Schuljahre angelegten Kontrollgruppenstudie würdigt auch Heimlich (2018): »Die aufwendigen empirischen Studien zeigen eindrucksvoll, dass das RTI-Konzept in hervorragender Weise geeignet ist, sonderpädagogische Fachkompetenz in den allgemeinen Schulen zu implementieren. Damit ist zugleich ein Garant für eine qualitätsvolle inklusive Schulentwicklung gegeben« (S. 88).

Die Forschungsergebnisse zur Wirksamkeit der Arbeit an Rügener Grundschulen nach vier Jahren RIM entsprechen grundsätzlich dem angelsächsischen Forschungsstand und lassen sich für den Bereich des (mathematischen) Lernens wie folgt grob zusammenfassen (Voß et al., 2016):

- Die mehrstufige Förderkonzeption für Kinder mit Auffälligkeiten im Bereich Mathematik konnte genauso wie in den Bereichen Lesen, Rechtschreibung, Sprache und emotional-soziale Entwicklung in den Rügener Schulen erfolgreich in die Praxis umgesetzt werden.
- Die mathematischen Schulleistungen der Gesamtgruppe Rügener Schülerinnen und Schüler entsprechen bundesweiten Normen.
- Zwar wurden im Zwillingsgruppenvergleich leichte Vorteile der Kontrollgruppe in Mathematik festgestellt, diese erklären sich mit hoher Wahrscheinlichkeit jedoch durch schulstrukturelle und sozioökonomische regionale Unterschiede und nicht durch die differierenden Beschulungskonzepte.

- Auch wenn nicht bei jedem Kind ein sonderpädagogischer Förderbedarf verhindert werden konnte, zeigen die Ergebnisse zum Ende der vierten Klasse, dass erheblich weniger Schülerinnen und Schüler einen solchen entwickelt haben. So wurde bis zum Ende der vierten Klasse nur bei 3,8 % der Schülerinnen und Schüler, die nach dem RIM unterrichtet und gefördert wurden, ein sonderpädagogischer Förderbedarf formal festgestellt. Diese im Vergleich zum herkömmlichen System in Mecklenburg-Vorpommern signifikant geringeren Anteile sonderpädagogischen Förderbedarfs (2012/13: 10,1 %) sprechen für eine präventive Wirkung des RIM.
- Weiterhin zeigen die Ergebnisse, dass Schülerinnen und Schüler mit besonderem Förderbedarf im Bereich Lernen in den Fächern Mathematik und Deutsch (Lesen und Rechtschreiben) im RIM bereits nach drei Schuljahren Leistungen erbringen, die in einer von den Lernvoraussetzungen her vergleichbaren Kontrollgruppe erst nach vier Jahren erreicht wurden.
- Anzumerken ist zudem, dass sich laut Befragungsergebnissen etwas über 70 % der Rügener Grundschullehrkräfte und fast alle Sonderpädagoginnen und -pädagogen sowie Schulleiterinnen und -leiter mit den in Rügener Grundschulen praktizierten Innovationen bzw. Weiterentwicklungen von Schule und Unterricht identifizieren.

Die Gesamtbefundlage zusammenfassend konstatieren Voß et al. (2016):

»Unter Abwägung sämtlicher Befunde zu den Förderschwerpunkten Lernen, Sprache und emotional-soziale Entwicklung erweist sich das RIM bzw. der RTI-Ansatz als zielführend bei der Gestaltung eines wohnortnahen (available), zugänglichen (accessible), angemessenen (acceptable) und anpassungsfähigen (adaptable) inklusiven Bildungsangebots für Kinder mit Auffälligkeiten in diesen Bereichen und erfüllt damit weitgehend die Ansprüche laut Behindertenrechtskonvention der Vereinten Nationen.« (S. 284)

Damit ist im Rügener Inklusionsmodell eine Möglichkeit zu sehen, der Forderung nach schulischer Inklusion zu entsprechen. Deren Umsetzung bleibt dennoch eine Herausforderung für alle. Die damit verbundenen Innovationen bedürfen einer positiven Grundeinstellung der Beteiligten (▶ Kap. 1.1), spezifischer Kenntnisse und Kompetenzen (▶ Kap. 1.2) sowie gewisser Rahmenbedingungen und Strukturen (▶ Kap. 1.3). Alle diese

5 Fazit

Aspekte müssen erarbeitet und etabliert werden. Somit ist festzuhalten: Erfolgreiche Inklusion setzt voraus, dass ein Schulkollegium, jedoch auch jede einzelne Lehrkraft gewillt ist, etablierte Vorgehensweisen zu hinterfragen und neue Wege zu suchen, diese zu diskutieren, zu erproben, kritisch zu prüfen, ggf. weiterzuentwickeln oder zu verwerfen und neu zu denken. Dabei gilt es, eigene sowie die Erfolge der Schülerinnen und Schüler wahrzunehmen, wertzuschätzen und diese als Informationsquelle für das weitere pädagogische Handeln zu nutzen. Dazu liefern das vorliegende Buch sowie die weiteren Bände der Reihe »Handlungsmöglichkeiten Schulische Inklusion« Ideen und Ansätze.

Literatur

Aebli, H. (1981). *Denken: Das Ordnen des Tun. Band 2*. Stuttgart: Klett-Cotta.

Anders, Y., Kunter, M., Brunner, M., Krauss, S. & Baumert, J. (2010). Diagnostische Fähigkeiten von Mathematiklehrkräften und ihre Auswirkungen auf die Leistungen ihrer Schülerinnen und Schüler. *Psychologie in Erziehung und Unterricht, 57* (3), 175-193.

Aunola, K., Leskinen, E., Lerkkanen, M.-K. & Nurmi, J.-E. (2004). Developmental Dynamics of Math Performance From Preschool to Grade 2. *Journal of Educational Psychology, 96* (4), 699-713.

Ausubel, D. P. (1960). The use of advance organizers in the learning and retention of meaningful verbal material. *Journal of Educational Psychology, 51*, 267-272.

Avramides, E. & Norwich, B. (2010). Teachers' attitudes towards integration / inclusion: a review of the literature. European *Journal of Special Needs Education, 17* (2), 129-147.

Ball, D. L., Hill, H. C. & Bass, H. (2005). Knowing mathematics for teaching: Who knows mathematics well enough to teach third grade, and how can we decide? *American Educator, 29* (1), 14-17, 20-22, 43-46.

Baumert, J. & Kunter, M. (2006). Stichwort: Professionelle Kompetenz von Lehrkräften. *Zeitschrift für Erziehungswissenschaft, 9*, 469-520.

Baumert, J., Kunter, M., Brunner, M., Krauss, S., Blum, W. & Neubrand, M. (2004). Mathematikunterricht aus Sicht der PISA-Schülerinnen und -Schüler und ihrer Lehrkräfte. In PISA-Konsortium Deutschland (Hrsg.), *PISA 2003. Der Bildungsstand der Jugendlichen in Deutschland – Ergebnisse des zweiten internationalen Vergleichs* (S. 314-354). Münster: Waxmann.

Becker, M., Lüdtke, O., Trautwein, U. & Baumert, J. (2006). Leistungszuwachs in Mathematik. Evidenz für einen Schereneffekt im mehrgliedrigen Schulsystem? *Zeitschrift für Pädagogische Psychologie, 20 (4)*, 233-242.

Bell, B. & Cowie, B. (2001). *Formative assessment and science education* (Bd. 12). Dordrecht, Boston: Kluwer Academic.

Benkmann, R. (2009). Individuelle Förderung und kooperatives Lernen im Gemeinsamen Unterricht. *Empirische Sonderpädagogik, 1*, 143-156.

Berkeley, S., Bender, W. N., Peaster, L. G. & Saunders, L. (2009). Implementation of response to intervention: A snapshot of progress. *Journal of Learning Disabilities, 42* (1), 85-95.
Betz, D. & Breuninger, H. (1998). *Teufelskreis Lernstörungen. Theoretische Grundlegung und Standardprogramm* (5. Aufl.). Weinheim: Beltz.
Black, P. & Wiliam, D. (1998a). Assessment and Classroom Learning. *Assessment in Education: Principles, Policy & Practice, 5* (1), 7-74.
Blum, W. (2010). Die Bildungsstandards Mathematik. In W. Blum, C. Drüke-Noe, R. Hartung & O. Köller (Hrsg.), *Bildungsstandards Mathematik: konkret. Sekundarstufe I. Aufgabenbeispiele, Unterrichtsanregungen, Fortbildungsideen.* (4. Aufl., S. 14-32). Berlin: Cornelsen.
Blumenthal, Y., Kuhlmann, K. & Hartke, B. (2014). Diagnostik und Prävention von Lernschwierigkeiten im Aptitude Treatment Interaction- (ATI-) und Response to Intervention-(RTI-)Ansatz. In M. Hasselhorn, W. Schneider & U. Trautwein (Hrsg.), *Lernverlaufsdiagnostik* (Tests und Trends N. F., Bd. 12, S. 61-81). Göttingen: Hogrefe.
Blumenthal, Y. & Mahlau, K. (2015). Effektiv fördern – Wie wähle ich aus? Ein Plädoyer für die Evidenzbasierte Praxis in der schulischen Sonderpädagogik. *Zeitschrift für Heilpädagogik, 9*, 408-421.
Borowski, A., Neuhaus, B. J., Tepner, O., Wirth, J., Fischer, H. E., Leutner, D., Sandmann, A. & Sumfleth, E. (2010). Professionswissen von Lehrkräften in den Naturwissenschaften (ProwiN) – Kurzdarstellung des BMBF-Projekts. *Zeitschrift für Didaktik der Naturwissenschaften, 16*, 341-349.
Bos, W., Lankes, E. M., Prenzel, M., Schwippert, K., Walther, G. & Valtin, R. (Hrsg.) (2003). *Erste Ergebnisse aus IGLU. Schülerleistungen am Ende der vierten Jahrgangsstufe im internationalen Vergleich.* Münster: Waxmann.
Bosse, S. & Spörer, N. (2014). Erfassung der Einstellung und der Selbstwirksamkeit von Lehramtsstudierenden zum inklusiven Unterricht. *Empirische Sonderpädagogik, 4*, 279-299.
Brown, M., Askew, M., Hodgen, J., Rhodes, V. & William, D. (2003). Individual and cohort progression in learning numeracy ages 5-11: results from the Leverhulme 5-year-longitudinal study. In F. Lin & J. Guo (Hrsg.), *Proceedings of the International Conference on Science and Mathematics Learning* (S. 81-109). Taipei: National Taiwan Normal University.
Brügelmann, H. (2001). Prinzipien des Anfangsunterrichts: »Entdeckendes« Lernen. *Die Grundschulzeitschrift, 147* (15), 54-56.
Bruner, J. S. (1970). *Der Prozeß der Erziehung.* Düsseldorf: Schwann (Originalarbeit von 1960).
Bruner, J. S. (1971). *Studien zur kognitiven Entwicklung.* Stuttgart: Klett.
Bruner, J. S. (1974). *Entwurf einer Unterrichtstheorie.* Berlin: Berlin-Verlag.
Burns, M. K., Appleton, J. J. & Stehouwer, J. D. (2005). Meta-Analytic Review of Responsiveness-To-Intervention Research: Examining Field-Based and Research-Implemented Models. *Journal of Psychoeducational Assessment, 23* (4), 381-394.

Burns, M. K. & Symington, T. (2002). A meta-analysis of pre-referral intervention teams: Student and systemic outcomes. *Journal of School Psychology, 40*, 437-447.

Büttner, G., Warwas, J. & Adl-Amini, K. (2012). Kooperatives Lernen und Peer Tutoring im inklusiven Unterricht. *Zeitschrift für Inklusion, 1-2*. Abruf am 21.12.17. Online verfügbar unter: http://www.inklusion-online.net/index.¬php/inklusion-online/article/view/61

Caplan, G. (1964). *Principles of preventive psychiatry*. New York: Basic Books Inc.

Carroll, J. B. (1963). A model of school learning. *Teachers College Record, 64*, 723-733.

Coladarci, T. (1986). Accuracy of Teacher Judgments of Student Responses to Standardized Test Items. *Journal of Educational Psychology, 78* (2), 141-146.

Council Of Chief State School Officers (CCSSO) (2008). *Attributes Of Effective Formative Assessment*. Abruf am 21.12.17. Online verfügbar unter: http://¬www.ccsso.org/sites/default/files/2017-12/Attributes_of_Effective_2008.pdf

Dennis, M. S., Sharp, E., Chovanes, J., Thomas, A., Burns, R. M., Custer, B. & Park, J. (2016). A Meta-Analysis of Empirical Research on Teaching Students with Mathematics Learning Difficulties. *Learning Disabilities Research & Practice, 31* (3), 156-168.

Deno, S. L. (1985). Curriculum-based measurement: The emerging alternative. *Exceptional Children, 52*, 219–232.

Deno, S. L. (2003). Developments in Curriculum-based Measurement. *Journal of Special Education, 37* (3), 184–192.

Deutscher, T. (2012). *Arithmetische und geometrische Fähigkeiten von Schulanfängern. Eine empirische Untersuchung unter besonderer Berücksichtigung des Bereichs Muster und Strukturen*. Wiesbaden: Vieweg+Teubner.

Dilling, H., Mombour, W. & Schmidt, M. H. (2011). *Internationale Klassifikation psychischer Störungen. ICD-10 Kapitel 5 (F). Klinisch-diagnostische Leitlinien*. Bern: Huber.

Donaldson, M. (1991). *Wie Kinder denken. Intelligenz und Schulversagen*. Piper: München.

Duval, R. (2000). Basic Issues for Research in Mathematics Education. In International Group for Psychology of Mathematics Education (Hrsg.), *Proceedings of the Conference of the International Group for Psychology of Mathematics Education in Hiroshima* (S. 55-69). Abruf am 21.12.17. Online verfügbar unter: http://files.eric.ed.gov/fulltext/ED466737.pdf

Ebdon, S. A., Coakley, M. M. & Legnard, D. S. (2003). Mathematical Mind Journeys: Awakening Minds to Computational Fluency. *Education Faculty Publications, 96*, 486-493.

Edelmann, W. (2000). Erfolgreicher Unterricht. Was wissen wir aus der Lernpsychologie? *Pädagogik, 52 (3)*, 6-9.

Edelstein, W. (2002). Selbstwirksamkeit, Innovation und Schulreform. Zur Diagnose der Situation. *Zeitschrift für Pädagogik, 44. Beiheft*, 13-27.

Ehlert, A. & Fritz, A. L. (2016). MARKO-T: Ein mathematisches Förderprogramm evaluiert an Kindern mit dem Förderschwerpunkt Lernen. In W. Schneider & M. Hasselhorn (Hrsg.), *Förderung schulrelevanter Kompetenzen in Vorschule und Schule* (Tests und Trends N. F., Bd. 14, S. 29-48). Göttingen: Hogrefe.

Emmer, E. T. & Stough, L. M. (2001). Classroom management: A critical part of educational psychology, with implications for teacher education. *Educational Psychologist, 36* (2), 103-112.

Engler de Stucky, D. (2012). Schöne Päckchen – Einstieg in ein Übungsformat mit Potenzial. In G. N. Müller, C. Selter & E. Ch. Wittmann (Hrsg.), *Zahlen, Muster und Strukturen. Spielräume für aktives Lernen und Üben* (S. 150-154). Stuttgart: Klett.

Ennemoser, M., Sinner, D. & Krajewski, K. (2015). Kurz- und langfristige Effekte einer entwicklungsorientierten Mathematikförderung bei Erstklässlern mit drohender Rechenschwäche. *Lernen und Lernstörungen, 4*, 43-59.

Evertson C. M. & Weinstein, C. (2006). Classroom management as a field of inquiry. In C. M. Evertson & C. Weinstein (Hrsg.), *Handbook of Classroom Management: Research, practice, and contemporary issues* (S. 3-15). Mahwah, NJ: Lawrence Erlbaum Associates.

Feuser, G. (1995). *Behinderte Kinder und Jugendliche. Zwischen Integration und Aussonderung.* Darmstadt: Wissenschaftliche Buchgesellschaft.

Fischbach, A., Schuchardt, K., Brandenburg, J., Kleszewski, J., Balke-Melcher, C., Schmidt, C., Büttner, G., Grube, D., Mähler, C. & Hasselhorn, M. (2013). Prävalenz von Lernschwächen und Lernstörungen: Zur Bedeutung der Diagnosekriterien. *Lernen und Lernstörungen, 2* (2), 65-76.

Fischbein, E. (1990). Introduction. In P. Nesher & J. Kilpatrick (Hrsg.), *Mathematics and Cognition: A Research Synthesis by the International Group for Psychology of Mathematics Education* (S. 1-13). Cambridge: University Press.

Foegen, A., Jiban, C. & Deno, S. L. (2007). Progress Monitoring Measures in Mathematics: A Review of the Literature. *The Journal of Special Education, 41* (2), 121-139.

Franke, M. & Ruwisch, S. (2010). *Didaktik des Sachrechnens in der Grundschule* (2. Aufl.). Heidelberg: Spektrum Akademischer Verlag.

Fritz, A. & Ricken, G. (2008). *Rechenschwäche*. München: Reinhardt.

Fritz, A. & Ricken, G. (2009). Grundlagen des Förderkonzeptes »Kalkulie«. In A. Fritz, G. Ricken & S. Schmidt (Hrsg.), *Handbuch Rechenschwäche. Lernwege, Schwierigkeiten und Hilfen bei Dyskalkulie* (2., erw. und aktual. Aufl., S. 274-395). Weinheim: Beltz.

Fritz, A., Ricken, G. & Gerlach, M. (2007). *Kalkulie. Handreichung zur Durchführung der Diagnose.* Berlin: Cornelsen.

Fritz, A., Ricken, G. & Schmidt, S. (Hrsg.) (2017). *Handbuch Rechenschwäche. Lernwege, Schwierigkeiten und Hilfen bei Dyskalkulie* (3., überarb. und erw. Aufl.). Weinheim: Beltz.

Fuchs, D. & Fuchs, L. S. (2006). Introduction to response to intervention: What, why, and how valid is it? *Reading Research Quarterly, 41* (1), 93-99.

Fuchs, L. S. & Fuchs, D. (1986). Effects of systematic formative evaluation: A meta-analysis. *Exceptional Children, 53,* 199-208.

Fuchs, L. S., Fuchs, D. (2007). A model for implementing responsiveness to intervention. *Teaching Exceptional Children, 89,* 14-20.

Fuchs, L. S., Fuchs, D., Powell, S. R., Seethaler, P. M., Cirino, P. T. & Fletcher, J. M. (2008). Intensive intervention for students with mathematics disabilities: Seven principles of effective practice. *Learning Disabilities Quarterly, 31,* 79–92.

Gaidoschik, M. (2011). *Rechenschwäche – Dyskalkulie. Eine unterrichtspraktische Einführung für LehrerInnen und Eltern* (6. Aufl.). Hamburg: Persen.

Gaidoschik, M. (2014). *Einmaleins verstehen, vernetzen, merken. Strategien gegen Lernschwierigkeiten.* Seelze: Friedrich.

Ganser, B. (2003). Warum Fördern oft wenig bewirkt: Teufelskreis Rechenschwäche. In F. Lenart, N. Holzer & H. Schaupp (Hrsg.), *Rechenschwäche, Rechenstörung, Dyskalkulie. Erkennung, Prävention, Förderung* (S. 227-234). Graz: Leykam.

Gebhardt, M., Schwab, S., Reicher, H., Ellmeier, B., Gmeiner, S., Rossmann, P. & Gasteiger-Klicpera, B. (2011). Einstellungen von LehrerInnen zur schulischen Integration von Kindern mit einem sonderpädagogischen Förderbedarf in Österreich. *Empirische Sonderpädagogik, 4,* 275-290.

Gerlach, M., Fritz, A. & Leutner, D. (2013). *Mathematik- und Rechenkonzepte im Vor- und Grundschulalter – Training. MARKO-T.* Göttingen: Hogrefe.

Gerlach, M., Fritz, A., Ricken, G. & Schmidt, S. (2007). *Kalkulie. Trainingsprogramm Baustein 1.* Berlin: Cornelsen.

Gersten, R., Chard, D. J., Jayanthi, M., Baker, S. K., Morphy, P. & Flojo, J. (2009). Mathematics instruction for students with learning disabilities: A meta-analysis of instructional components. *Review of Educational Research, 79* (3), 1202-1242.

Gölitz, D., Roick, T. & Hasselhorn, M. (2006). *Deutscher Mathematiktest für vierte Klassen (DEMAT 4).* Göttingen: Hogrefe.

Granzer, D., Reiss, K., Winkelmann, H., Robitzsch, A., Köller, O. & Walther, G. (2008). *Bildungsstandards: Kompetenzen überprüfen. Mathematik Grundschule Klasse 3/4.* Berlin: Cornelsen.

Grassmann, M., Eichler, K. -P., Mirwald, E. & Nitsch, B. (2014). *Mathematikunterricht. Kompetent im Unterricht der Grundschule* (3., korrig. und veränd. Aufl.). Baltmannsweiler: Schneider Verlag Hohengehren.

Gruber, H., Mandl, H. & Renkl, A. (2000). Was lernen wir in Schule und Hochschule: Träges Wissen? In H. Mandl & J. Gerstenmaier (Hrsg.), *Die Kluft zwischen Wissen und Handeln. Empirische und theoretische Lösungsansätze* (S. 139-156). Göttingen: Hogrefe.

Grünke, M. (2006). Fördermethoden. Zur Effektivität von Fördermethoden bei Kindern und Jugendlichen mit Lernstörungen. *Kindheit und Entwicklung, 15* (4), 239-254.

Hammer, S., Reiss, K., Lehner, M., Heine, J.-H., Sälzer, C., & Heinze, A. (2016). Mathematische Kompetenz in PISA 2015: Ergebnisse, Veränderungen und Perspektiven. In K. Reiss, C. Sälzer, A. Schiepe-Tiska, E. Klieme & O. Köller (Hrsg.), *PISA 2015: Eine Studie zwischen Kontinuität und Innovation* (S. 219-248). Münster: Waxmann.

Hartke, B. (2010). Lernen fördern. In B. Hartke, K. Koch & K. Diehl (Hrsg.). *Förderung in der schulischen Eingangsstufe* (S. 19-54). Stuttgart: Kohlhammer.

Hartke, B. (Hrsg.) (2017). *Handlungsmöglichkeiten Schulische Inklusion. Das Rügener Modell kompakt.* Stuttgart: Kohlhammer.

Hartke, B., Blumenthal, Y., Diehl, K., Mahlau, K., Marten, K., Schöning, A., Sikora, S. & Voß, S. (2015). *Das Rügener Inklusionsmodell. Konzeption einer inklusiven Grundschule nach dem Response-to-Intervention-Ansatz (Stand 2015).* Rostock: Universität Rostock.

Hartke, B., Blumenthal, Y. & Voß, S. (2017). Evidenzbasierte (sonder-)pädagogische Praxis – Grenzen und Chancen. *Sonderpädagogische Förderung heute,* 62 (4), 372-382.

Hartke, B. & Diehl, K. (2013). *Schulische Prävention im Bereich Lernen. Problemlösungen mit dem RTI-Ansatz.* Stuttgart: Kohlhammer.

Hartmann, E. & Müller, C. (2014). *Lernfortschrittsdiagnostik: Grundrechenarten.* Hamburg: Persen.

Häsel-Weide, U. & Nührenbörger, M. (2015). Aufgabenformate für einen inklusiven Arithmetikunterricht. In A. Peter-Koop, T. Rottmann & M. Lüken (Hrsg.), *Inklusiver Mathematikunterricht in der Grundschule* (S. 58-74). Offenburg: Mildenberger.

Häsel-Weide, U., Nührenbörger, M., Moser Opitz, E. & Wittich, C. (2015). *Ablösung vom zählenden Rechnen. Fördereinheiten für heterogene Lerngruppen* (3. Aufl.). Seelze: Friedrich.

Hasemann, K. & Gasteiger, H. (2014). *Anfangsunterricht Mathematik* (3., überarb. und erw. Aufl.). Berlin: Springer.

Hasselhorn, M., Marx, H. & Schneider, W. (Hrsg.) (2005). *Diagnostik von Mathematikleistungen* (Tests und Trends N. F., Bd. 4). Göttingen: Hogrefe.

Hasselhorn, M., Roick, T. & Gölitz, D. (2005). Stabilitäten und prognostische Validitäten der Mathematikleistungen. Eine Längsschnittstudie mit der DEMAT-Reihe in der Grundschule. In M. Hasselhorn, H. Marx & W. Schneider (Hrsg)., *Diagnostik von Mathematikleistungen* (Tests und Trends N. F., Bd. 4, S. 187-198). Göttingen: Hogrefe.

Hattie, J. (2013). *Lernen sichtbar machen. Überarbeitete deutschsprachige Ausgabe von »Visible learning« besorgt von Wolfgang Beywl und Klaus Zierer.* Baltmannsweiler: Schneider Verlag Hohengehren.

Hattie, J. & Timperley, H. (2007). The power of feedback. *Review of Educational Research,* 77 (1), 81-112.

Hattie, J. & Zierer, K. (2017). *Kenne deinen Einfluss. »Visible Learning« für die Unterrichtspraxis* (2. Aufl.). Baltmannsweiler: Schneider Verlag Hohengehren.

Heimlich, U. (2018). Rezension: Voß, Stefan; Blumenthal, Yvonne; Mahlau, Kathrin; Marten, Katharina; Diehl, Kirsten; Sikora, Simon; Hartke, Bodo (2016): Der Response-to-Intervention-Ansatz in der Praxis. Evaluationsergebnisse zum Rügener Inklusionsmodell. *Vierteljahreszeitschrift für Heilpädagogik und ihre Nachbargebiete, 1*, 88-89.

Hein, J., Bzufka, M. & Neumärker, K.-J. (2000). The specific disorder of arithmetical skills. Prevalence studies in a rural and an urban population sample and their clinico-neuropsychological validation. *European Child & Adolescent Psychiatry, 33*, 187-101.

Heller, K. A. (1998). Schulleistungsprognosen. In R. Oerter & L. Montada (Hrsg.), *Entwicklungspsychologie* (4., korr. Aufl., S. 983-989). Weinheim: Beltz.

Heller, K. A. & Hany, E. A. (2014). Standardisierte Schulleistungsmessungen. In F. E. Weinert (Hrsg.), *Leistungsmessungen in Schulen* (3. Aufl., S. 87-101). Weinheim: Beltz.

Hellmich, F. & Görel, G. (2014). Erklärungsfaktoren für Einstellungen von Lehrerinnen und Lehrern zum inklusiven Unterricht in der Grundschule. *Zeitschrift für Bildungsforschung, 4* (3), 227-240.

Hellmich, F., Görel, G. & Schwab, S. (2016). Einstellungen und Motivation von Lehramtsstudentinnen und -studenten in Bezug auf den inklusiven Unterricht in der Grundschule – Ein Vergleich zwischen Deutschland und Österreich. *Empirische Sonderpädagogik, 1*, 67-85.

Helmke, A. (2017). *Unterrichtsqualität und Lehrerprofessionalität. Diagnose, Evaluation und Verbesserung des Unterrichts* (7., akt. Aufl.). Seelze: Klett-Kallmeyer.

Helmke, A., Hosenfeld, I. & Schrader, F.-W. (2004). Vergleichsarbeiten als Instrument zur Verbesserung der Diagnosekompetenz von Lehrkräften. In R. Arnold & C. Griese (Hrsg.), *Schulleitung und Schulentwicklung* (S. 119-143). Baltmannsweiler: Schneider Verlag Hohengehren.

Helmke, A. & Weinert, F. E. (1997). Bedingungsfaktoren schulischer Leistungen. In F. E. Weinert (Hrsg.), *Psychologie des Unterrichts und der Schule* (Enzyklopädie der Psychologie, Themenbereich D, Serie 1, Bd. 3, S. 71-176). Göttingen: Hogrefe.

Hengartner, E. (2004). Lernumgebungen für Rechenschwache bis Hochbegabte: Natürliche Differenzierung im Mathematikunterricht. *Grundschulunterricht, 51* (2), 11-14.

Hess, K. (2003). *Lehren zwischen Belehrung und Lernbegleitung*. Bern: hep.

Hess, K. (2012). *Kinder brauchen Strategien. Eine frühe Sicht auf mathematisches Verstehen*. Seelze: Friedrich.

Hesse, I. & Latzko, B. (2017). *Diagnostik für Lehrkräfte* (3. Aufl.). Opladen & Toronto: Barbara Budrich.

Hirt, U. & Wälti, B. (2016). *Lernumgebungen im Mathematikunterricht. Natürliche Differenzierung für Rechenschwache bis Hochbegabte* (5. Aufl.). Seelze: Friedrich.

Hoge, R. D. & Coladarci, T. (1989). Teacher-based judgments of academic achievement: A review of literature. *Review of Educational Research, 59* (3), 297-313.
Hosenfeld, I., Helmke, A. & Schrader, F.-W. (2002). Diagnostische Kompetenz: Unterrichts- und lernrelevante Schülermerkmale und deren Einschätzung durch Lehrkräfte in der Unterrichtsstudie SALVE. In M. Prenzel & J. Doll (Hrsg.), *Bildungsqualität von Schule: Schulische und außerschulische Bedingungen mathematischer, naturwissenschaftlicher und überfachlicher Kompetenzen* (S. 65-82). Weinheim: Beltz.
Hosp, M. K., Hosp, J. L. & Howell, K. W. (2007). *The ABCs of CBM. A practical guide to curriculum-based measurement* (The Guilford practical intervention in the schools series). New York: Guilford Press.
Jacobs, C. & Petermann, F. (2007). *Rechenstörungen*. Göttingen: Hogrefe.
Jacobs, C. & Petermann, F. (2012). *Diagnostik von Rechenstörungen* (2., überarb. und erw. Aufl.). Göttingen: Hogrefe.
Johnson, D. W. & Johnson, R. T. (1999). *Learning together and alone: Cooperative, competitive, and individualistic learning.* Boston: Allyn & Bacon.
Jürgens, E. & Lissmann, U. (2015). *Pädagogische Diagnostik. Grundlagen und Methoden der Leistungsbeurteilung in Schulen.* Weinheim: Beltz.
Käpnick, F. (1998). *Mathematisch begabte Kinder.* Frankfurt a.M.: Peter Lang.
Käpnick, F. (2014). *Mathematiklernen in der Grundschule.* Berlin: Springer.
Käpnick, F., Nolte, M. & Walther, G. (2011). Mathematische Talente entdecken und unterstützen. In R. Demuth, G. Walther & M. Prenzel (Hrsg.), *Unterricht entwickeln mit SINUS. 10 Module für den Mathematik- und Sachunterricht in der Grundschule* (S. 91-100). Seelze: Klett-Kallmeyer.
Klauer, K. J. (2011). Lernverlaufsdiagnostik – Konzept, Schwierigkeiten und Möglichkeiten. *Empirische Sonderpädagogik, 3* (3), 207-224.
Klauer, K. J. (2014). Formative Leistungsdiagnostik: Historischer Hintergrund und Weiterentwicklung zur Lernverlaufsdiagnostik. In M. Hasselhorn, W. Schneider & U. Trautwein (Hrsg.), *Lernverlaufsdiagnostik* (Tests und Trends N. F., Bd. 12, S. 1-18). Göttingen: Hogrefe.
Klemm, K. & Preuss-Lausitz, U. (2011). *Auf dem Weg zur schulischen Inklusion in Nordrhein-Westfalen. Empfehlungen zur Umsetzung der UN-Behindertenrechtskonvention im Bereich der allgemeinen Schulen.* Abruf am 21.12.17. Online verfügbar unter: https://www.schulministerium.nrw.de/docs/Schulsystem/Inklusion/Gutachten-_Auf-dem-Weg-zur-schulischen-Inklusion-in-Nordrhein-Westfalen_/NRW_Inklusionskonzept_2011__-_neue_Version_08_07_11.pdf
Klieme, E., Avenarius, H., Blum, W., Gruber, H., Reiss, K., Riquarts, K., Rost, J., Tenorth, H.-E., Vollmer, H. J. (2007). *Zur Entwicklung nationaler Bildungsstandards. Expertise.* Berlin: BMBF.
KMK (2004). *Standards für die Lehrerbildung: Bildungswissenschaften.* Abruf am 21.12.17. Online verfügbar unter: https://www.kmk.org/fileadmin/Dateien/

veroeffentlichungen_beschluesse/2004/2004_12_16-Standards-Lehrerbildung.pdf
KMK (2005). *Bildungsstandards im Fach Mathematik für den Primarbereich.* München: Luchterhand.
Koch, K. (2008). Förderung mathematischer Kompetenzen. In M. Fingerle & S. Ellinger (Hrsg.), *Sonderpädagogische Förderprogramme im Vergleich: Orientierungshilfen für die Praxis* (S. 85-108). Stuttgart: Kohlhammer.
Koch, K. & Knopp, E. (2010). Mathematisches Lernen. In B. Hartke, K. Koch & K. Diehl (Hrsg.), *Förderung in der schulischen Eingangsstufe* (S. 91-118). Stuttgart: Kohlhammer.
Kovaleski, J. F. & Pedersen, J. (2008). Best practices in data analysis teaming. In A. Thomas & J. Grimes (Hrsg.), *Best practices in school psychology, V* (5. Aufl., S. 115-130). Bethesda, MD: National Association of School Psychologists.
Krajewski, K., Küspert, P., Schneider, W. & Visé, M. (2002). *Deutscher Mathematiktest für erste Klassen (DEMAT 1+).* Göttingen: Hogrefe
Krajewski, K., Liehm, S. & Schneider, W. (2004). *Deutscher Mathematiktest für zweite Klassen (DEMAT 2+).* Göttingen: Hogrefe.
Krajewski, K., Nieding, G. & Schneider, W. (2007). *Mengen, zählen, Zahlen. Die Welt der Mathematik verstehen.* Berlin: Cornelsen.
Krajewski, K. & Schneider, W. (2006). Mathematische Vorläuferfertigkeiten im Vorschulalter und ihre Vorhersagekraft für die Mathematikleistungen bis zum Ende der Grundschulzeit. *Psychologie und Unterricht, 53*, 246-262.
Krauthausen, G. & Scherer, P. (2007). *Einführung in die Mathematikdidaktik* (3. Aufl.). München: Elsevier.
Krauthausen, G. & Scherer, P. (2013). *Natürliche Differenzierung im Mathematikunterricht. Konzepte und Praxisbeispiele aus der Grundschule.* Seelze: Friedrich.
Kroesbergen, E. H. & van Luit, J. E. (2003). Mathematics interventions for children with special educational needs. *Remedial & Special Education, 24* (2), 97-114.
Kuhn, J.-T. (2017). Rechenschwäche – eine interdisziplinäre Einführung. In A. Fritz-Stratmann, G. Ricken & S. Schmidt (Hrsg.), *Handbuch Rechenschwäche* (3., überarb. und erw. Aufl., S. 14-29). Weinheim: Beltz.
Kyndt, E., Raes, E., Lismont, B., Timmers, F., Cascallar, E. & Dochy, F. (2013). A meta-analysis of the effects of face-to-face cooperative learning. Do recent studies falsify or verify earlier findings? *Educational Research Review, 10*, 133-149.
Lambert, K. (2015). *Rechenschwäche. Grundlagen, Diagnostik und Förderung.* Göttingen: Hogrefe.
Landerl, K. & Kaufmann, L. (2008). *Dyskalkulie. Modelle, Diagnostik, Intervention.* München: Reinhardt.
Lauth, G., Brunstein, J. & Grünke, M. (2014). Lernstörungen im Überblick: Arten, Klassifikation, Verbreitung und Erklärungsperspektiven. In G. W. Lauth, M. Grünke & J. C. Brunstein (Hrsg.), *Interventionen bei Lernstörungen: Förderung, Training und Therapie in der Praxis* (S. 17-31). Göttingen: Hogrefe.

Leipziger, E., Tretter, T. & Gebhardt, M. (2012). Inklusion an oberfränkischen Grundschulen. *Zeitschrift für Heilpädagogik, 63* (10), 433-440.
Lenart, F., Holzer, N. & Schaupp, H. (Hrsg.), *Rechenschwäche, Rechenstörung, Dyskalkulie. Erkennung, Prävention, Förderung* (S. 227-234). Graz: Leykam.
Lenhard, A., Lenhard, W., Schug, M. & Kowalski, A. (2011). Computerbasierte Mathematikförderung mit den »Rechenspielen mit Elfe und Mathis I« – Vorstellung und Evaluation eines Computerprogramms für Erst- bis Drittklässler. *Zeitschrift für Entwicklungspsychologie und Pädagogische Psychologie, 43*, 79-88.
Lenhard, W. & Lenhard, A. (2010). *Rechenspiele mit Elfe und Mathis.* Göttingen: Hogrefe.
Leuders, T., Hußmann, S., Barzel, B. & Prediger, S. (2011). »Das macht Sinn!« – Sinnstiftung mit Kontexten und Kernideen. *Praxis der Mathematik in der Schule, 37* (1), 2-10.
Lipowsky, F. (2006). Auf den Lehrer kommt es an. Empirische Evidenzen für Zusammenhänge zwischen Lehrerkompetenzen, Lehrerhandeln und dem Lernen der Schüler. *Beiheft der Zeitschrift für Pädagogik, 51*, 47–70.
Lorenz, J. H. (2005). *Lernschwache Rechner fördern* (2. Aufl.). Berlin: Cornelsen.
Lorenz, J. H. (2007). Die Funktion von Veranschaulichungsmitteln – Hilfe zur Entwicklung von Zahlbeziehungen und arithmetischen Operationen. In J. H. Lorenz & W. Schipper (Hrsg.), *Hendrik Radatz: Impulse für den Mathematikunterricht* (S. 56-62). Hannover: Schroedel.
Lorenz, J. H. (2014). Rechenschwäche. In G. W. Lauth, M. Grünke & J. C. Brunstein (Hrsg.), *Interventionen bei Lernstörungen* (2., überarb. und erw. Aufl., S. 43-55). Göttingen: Hogrefe.
Madelaine, A. & Wheldall, K. (2005). Identifying low-progress readers: Comparing teacher judgment with a curriculum-based measurement procedure. *International Journal of Disability, Development and Education, 52* (1), 33-42.
Mahlau, K., Blumenthal, Y., Diehl, K., Schöning, A., Sikora, S., Voß, S. & Hartke, B. (2014). Das Rügener Inklusionsmodell (RIM) – RTI in der Praxis. In M. Hasselhorn, W. Schneider & U. Trautwein (Hrsg.), *Lernverlaufsdiagnostik* (Tests & Trends, NF Bd. 12, S. 101-125). Göttingen: Hogrefe.
Mahlau, K., Voß, S. & Hartke, B. (Hrsg.) (2016a). *Lernen nachhaltig fördern Band 1. Allgemeine Grundlagen zur Umsetzung einer inklusiven Grundschule.* Hamburg: Dr. Kovač.
Mahlau, K., Voß, S. & Hartke, B. (Hrsg.) (2016b). *Lernen nachhaltig fördern Band 2. Unterricht und Förderung in den Lernbereichen Deutsch und Mathematik.* Hamburg: Dr. Kovač.
Mahlau, K., Voß, S. & Hartke, B. (Hrsg.) (2016c). *Lernen nachhaltig fördern Band 3. Grundlagen und Förderung im Bereich der emotionalen und sozialen Entwicklung.* Hamburg: Dr. Kovač.
Mahlau, K., Voß, S. & Hartke, B. (Hrsg.) (2016d). *Lernen nachhaltig fördern Band 4. Grundlagen und Förderung im Bereich der sprachlichen Entwicklung.* Hamburg: Dr. Kovač.

Maier, U. (2010). Formative Assessment – Ein erfolgsversprechendes Konzept zur Reform von Unterricht und Leistungsmessung? *Zeitschrift für Erziehungswissenschaft, 13* (2), 293-308.

Maier, U. (2015). *Leistungsdiagnostik in Schule und Unterricht*. Bad Heilbrunn: Klinkhardt.

Mazzocco, M. M. M., Feigenson, L. & Halberda, J. (2011). Preschoolers' Precision of the Approximate Number System Predicts Later School Mathematics Performance. *PLoS ONE, 6* (9), e23749.

Moser Opitz, E. (2004). Dyskalkulie: Krankheit, Erfindung, Mythos, Etikett … ? Auseinandersetzung mit einem geläufigen, aber ungeklärten Begriff. *Vierteljahreszeitschrift für Heilpädagogik und ihre Nachbargebiete, 72*, 179-190.

Moser Opitz, E. (2008). *Zählen, Zahlbegriff, Rechnen: Theoretische Grundlagen und eine empirische Untersuchung zum mathematischen Erstunterricht in Sonderklassen* (Beiträge zur Heil- und Sonderpädagogik, Bd. 27, 3. Aufl.). Bern: Haupt.

Moser Opitz, E. & Schmassmann, M. (2016). Grundoperationen. In U. Heimlich & F. B. Wember (Hrsg.), *Didaktik des Unterrichts im Förderschwerpunkt Lernen* (3. Aufl., S. 266-279). Stuttgart: Kohlhammer.

National Center on Response to Intervention (NCRTI) (2010). *Essential Components of RTI – A Closer Look at Response to Intervention*. Abruf am 21.12.17. Online verfügbar unter: http://www.rti4success.org/sites/default/files/rtiessentialcomponents_042710.pdf

Neuweg, G. H. (2005). Emergenzbedingungen pädagogischer Könnerschaft. In H. Heid & C. Christian (Hrsg.), *Verwertbarkeit. Ein Qualitätskriterium (erziehungs-)wissenschaftlichen Wissens?* (S. 205-228). Wiesbaden: VS Verlag für Sozialwissenschaften.

Nührenbörger, M. & Pust, S. (2016). *Mit Unterschieden rechnen. Lernumgebungen für einen differenzierten Anfangsunterricht Mathematik* (4. Aufl.). Seelze: Friedrich.

Ortmann, G. (2003). *Regel und Ausnahme. Paradoxien sozialer Ordnung*. Frankfurt a.M.: Suhrkamp.

Oser, F. & Spychiger, M. (2005). *Lernen ist schmerzhaft: Zur Theorie des Negativen Wissens und zur Praxis der Fehlerkultur*. Weinheim: Beltz.

Padberg, F. & Benz, C. (2011). *Didaktik der Arithmetik: für die Lehrerausbildung und Lehrerfortbildung* (4., erw. und stark überarb. Aufl.). Heidelberg: Spektrum Akademischer Verlag.

PIK AS (2009). *Haus 7: Gute Aufgaben*. Abruf am 21.12.17. Online verfügbar unter: http://pikas.dzlm.de/upload/Material/Haus_7_-_Gute_-_Aufgaben/IM/Informationstexte/IM_ZO_Sachinfo_Gute_Aufgaben.pdf

Presmeg, N. (2014). A dance of instruction with construction in mathematics education. In C. Benz, B. Brandt, U. Kortenkamp, G. Krummheuer, S. Ladel & R. Vogel (Hrsg.), *Early Mathematics Learning. Selected Papers of the POEM Conference 2012* (S. 9-17). Berlin: Springer.

Reich, K. (2012). *Konstruktivistische Didaktik* (5., erw. Aufl.). Weinheim: Beltz.
Reiser, H. (1991). Wege und Irrwege zur Integration. In A. Sander & P. Raidt (Hrsg.), *Integration und Sonderpädagogik* (Saarbruecker Beitraege zur Integrationspaedagogik Bd. 6, S. 13-33). St. Ingbert: Roehrig.
Reiss, K. & Hammer, C. (2013). *Grundlagen der Mathematikdidaktik. Eine Einführung in den Unterricht in der Sekundarstufe.* Basel: Birkhäuser.
Reiss, K. & Winkelmann, H. (2008). Step by step. Ein Kompetenzstufenmodell für das Fach Mathematik. *Grundschule, 10*, 34-37.
Resnick, L. B. (1989). Developing mathematical knowledge. *American Psychologist, 44* (2), 162-169.
Reusser, K. (2006). Konstruktivismus – vom epistemologischen Leitbegriff zur Erneuerung der didaktischen Kultur. In M. Baer, M. Fuchs, P. Füglister, K. Reusser & H. Wyss (Hrsg.), *Didaktik auf psychologischer Grundlage. Von Hans Aeblis kognitionspsychologischer Didaktik zur modernen Lehr-Lernforschung* (S. 151-168). Bern: hep.
Ricken, G. (2016). »Kalkulie« – ein entwicklungspsychologisch begründeter Förderansatz. In K. Mahlau, S. Voß & B. Hartke (Hrsg.), *Lernen nachhaltig fördern Band 2: Unterricht und Förderung in den Lernbereichen Deutsch und Mathematik. Fortbildungseinheiten, -methoden und -materialien.* (S. 167-184). Hamburg: Dr. Kovač.
Ricken, G., Fritz, A. & Balzer, L. (2011). Mathematik und Rechnen – Test zur Erfassung von Konzepten im Vorschulalter (MARKO-D) – ein Beispiel für einen niveauorientierten Ansatz. *Empirische Sonderpädagogik, 3*, 256-271.
Ricken, G., Hildenbrand, C. & May, P. (2013). *Kompetenzerfassung in Kindergarten und Schule – Mathematik.* Berlin: Cornelsen.
Rogers, E. M. (2003). *Diffusion of Innovations* (5. Aufl.). New York: Free Press.
Roick, T., Gölitz, D. & Hasselhorn, M. (2004). *Deutscher Mathematiktest für dritte Klassen (DEMAT 3+).* Göttingen: Hogrefe.
Scherer, P. (2012). *Produktives Lernen für Kinder mit Lernschwächen: Fördern durch Fordern. Band 2: Addition und Subtraktion im Hunderterraum* (6. Aufl.). Horneburg: Persen.
Scherer, P. (2014a). *Produktives Lernen für Kinder mit Lernschwächen: Fördern durch Fordern. Band 1: Addition und Subtraktion im Zwanzigerraum* (8. Aufl.). Horneburg: Persen.
Scherer, P. (2014b). *Produktives Lernen für Kinder mit Lernschwächen: Fördern durch Fordern. Band 3: Multiplikation und Division im Hunderterraum* (6. Aufl.). Horneburg: Persen.
Scherer, P. (2017). Produktives Mathematiklernen für alle – auch im inklusiven Mathematikunterricht?! In A. Fritz, S. Schmidt & G. Ricken (Hrsg.), *Handbuch Rechenschwäche* (3., vollst. überarb. Aufl., S. 478-491). Weinheim: Beltz.
Schipper, W. (2003). Lernen mit Material im arithmetischen Anfangsunterricht. In M. Baum & H. Wielpütz (Hrsg.), *Mathematik in der Grundschule. Ein Arbeitsbuch* (S. 221-238). Seelze: Klett-Kallmeyer.

Schipper, W. (2005). Lernschwierigkeiten erkennen – verständnisvolles Lernen fördern. *Beschreibung des Moduls 4 für das Projekt Sinus-Transfer Grundschule*. Abruf am 21.12.17. Online verfügbar unter: http://sinus-transfer-¬grundschule.de/fileadmin/Materialien/Modul4.pdf

Schrader, F.-W. (2010). Diagnostische Kompetenz von Eltern und Lehrern. In D. H. Rost (Hrsg.), *Handwörterbuch Pädagogische Psychologie* (4., überarb. und erw. Aufl., S. 102-108). Weinheim: Beltz.

Schrader, F.-W. & Helmke, A. (1987). Diagnostische Kompetenz von Lehrern: Komponenten und Wirkungen. *Empirische Pädagogik, 1* (1), 27-52.

Schrader, F.-W. & Helmke, A. (2014). Alltägliche Leistungsbeurteilung durch Lehrer. In F. E. Weinert (Hrsg.), *Leistungsmessungen in Schulen* (3. Aufl., S. 45-58). Weinheim: Beltz.

Schütte, M. & Jung, J. (2015). Methodologie und methodisches Vorgehen Interpretativer Unterrichtsforschung am Beispiel inklusiven Lernens von Mathematik. *Zeitschrift für Inklusion, 4*. Abruf am 21.12.17. Online verfügbar unter: http://www.inklusion-online.net/index.php/inklusion-online/article/view/320

Schwarzer, R. & Warner, L. M. (2014). Forschung zur Selbstwirksamkeit bei Lehrerinnen und Lehrern. In E. Terhart, H. Bennewitz & M. Rothland (Hrsg.), *Handbuch der Forschung zum Lehrerberuf* (S. 662-678). Münster: Waxmann.

Scriven, M. (1967). The methodology of evaluation. In R. W. Tyler, R. M. Gagné & M. Scriven (Hrsg.), *Perspectives of curriculum evaluation* (S. 39-83). Chicago, IL: Rand McNally.

Selter, C. (1994). *Eigenproduktionen im Arithmetikunterricht der Grundschule. Grundsätzliche Überlegungen und Realisierungen in einem Unterrichtsversuch zum multiplikativen Rechnen im zweiten Schuljahr*. Wiesbaden: Deutscher Universitätsverlag.

Selter, C. (2015). Bildungsstandards und Unterrichtspraxis. Konzeptionen, Materialien und Erfahrungen aus fünf Jahren PIKAS. In A. S. Steinweg (Hrsg.), *10 Jahre Bildungsstandards* (S. 37-50). Bamberg: University Press.

Selter, C., Walter, D., Walther, G., & Wendt, H. (2016). Mathematische Kompetenzen im internationalen Vergleich: Testkonzeption und Ergebnisse. In H. Wendt, W. Bos, C. Selter, O. Köller, K. Schwippert & D. Kasper (Hrsg.), *TIMSS 2015: Mathematische und naturwissenschaftliche Kompetenzen von Grundschulkindern im internationalen Vergleich* (S. 79-136). Münster: Waxmann.

Sermier Dessemontet, R., Benoit, V. & Bless, G. (2011). Schulische Integration von Kindern mit einer geistigen Behinderung. Untersuchung der Entwicklung der Schulleistungen und der adaptiven Fähigkeiten, der Wirkung auf die Lernentwicklung der Mitschüler sowie der Lehrereinstellungen zur Integration. *Empirische Sonderpädagogik, 4*, 291-307.

Shalev, R. S., Manor, O. & Gross-Tsur, V. (2005). Developmental dyscalculia: a prospective six-year follow-up. *Developmental Medicine & Child Neurology, 47* (2), 121-125.

Shapiro, E. S. (2004). *Academic skills problems. Direct assessment and intervention* (The Guilford school practitioner series, 3. Aufl.). New York: Guilford Press.
Shinn, M. R., Walker, H. M. & Stoner, G. (2006). *Interventions for academic and behavior problems* (4. Aufl.). Bethesda, MD: NASP.
Shuell, T. J. (1986). Cognitive conceptions of learning. *Review of Educational Research, 56* (4), 411-436.
Shulman, L. (1987). Knowledge and teaching: foundations of the new reform. Harvard *Educational Review, 57*, 1–22.
Sikora, S. (2016). Diagnostische Maßnahmen Mathematik Klasse 4. In K. Mahlau, S. Voß & B. Hartke (Hrsg.), *Lernen nachhaltig fördern Band 2: Unterricht und Förderung in den Lernbereichen Deutsch und Mathematik. Fortbildungseinheiten, -methoden und -materialien* (S. 343-358). Hamburg: Dr. Kovač.
Sikora, S. & Hartke, B. (2012). *Mathes 3. Formative Erfassung der mathematischen Kompetenzen von Drittklässlern.* Abruf am 21.12.17. Online verfügbar unter: http://www.lernverlaufsdiagnostik.de
Sikora, S. & Voß, S. (2016a). *Mathes 0. Schuleingangstest zur Erfassung arithmetischer Vorläuferfähigkeiten.* Abruf am 21.12.17. Online verfügbar unter: http://www.lernverlaufsdiagnostik.de
Sikora, S. & Voß, S. (2016c). *Mathes 2. Formative Erfassung arithmetischer Kompetenzen in der zweiten Klassenstufe.* Abruf am 21.12.17. Online verfügbar unter: http://www.lernverlaufsdiagnostik.de
Sikora, S. & Voß, S. (2016d). *Mathea 3-4. Erfassung der Leistungsentwicklung Arithmetik in dritten und vierten Klassen.* Abruf am 21.12.17. Online verfügbar unter: http://www.lernverlaufsdiagnostik.de
Sikora, S. & Voß, S. (2017). Inklusionsorientierter Mathematikunterricht. In B. Hartke (Hrsg.), *Handlungsmöglichkeiten Schulische Inklusion. Das Rügener Modell kompakt* (S. 99-147). Stuttgart: Kohlhammer.
Simon, H. & Grünke, M. (2010). *Förderung bei Rechenschwäche.* Stuttgart: Kohlhammer.
Sorrentino, W., Linser, H. J. & Paradies, L. (2009). *99 Tipps: Üben im Unterricht.* Berlin: Cornelson Scriptor.
Stern, E. (1994). Die Erweiterung des mathematischen Verständnisses mit Hilfe von Textaufgaben. *Die Grundschule, 3*, 23-25.
Stern, E. (1998). *Die Entwicklung mathematischen Verständnisses im Kindesalter.* Lengerich: Pabst.
Steuer, G. (2014). *Fehlerklima in der Klasse. Zum Umgang mit Fehlern im Mathematikunterricht.* Wiesbaden: Springer VS.
Strathmann, A. M. & Klauer, K. J. (2012). *Lernverlaufsdiagnostik – Mathematik für zweite bis vierte Klassen (LVD-M 2-4).* Göttingen: Hogrefe.
Südkamp, A., Kaiser, J. & Möller, J. (2012). Accuracy of teachers' judgments of students' academic achievement: A meta-analysis. *Journal of Educational Psychology, 104* (3), 743-762.

Südkamp, A., Möller, J. & Pohlmann, B. (2008). Der simulierte Klassenraum. Eine experimentelle Untersuchung zur diagnostischen Kompetenz. *Zeitschrift für Pädagogische Psychologie, 22* (3/4), 261-276.

Sundermann, B. & Selter, C. (2013). *Beurteilen und fördern im Mathematikunterricht* (4., neu bearb. Aufl.). Berlin: CVK.

Terhart, E. (2006). Kompetenzen von Grundschullehrerinnen und -lehrern. Kontext, Entwicklung, Beurteilung. In P. Hanke (Hrsg.), *Grundschule in Entwicklung* (S. 233-248). Münster: Waxmann.

Urton, K., Wilbert, J. & Hennemann, T. (2015). Die Einstellung zur Integration und die Selbstwirksamkeit von Lehrkräften. *Psychologie in Erziehung und Unterricht, 62* (2), 147-157.

Van Oers, B. (2004). Mathematisches Denken bei Vorschulkindern. In W. E. Fthenakis & P. Oberhuemer (Hrsg.), *Frühpädagogik International* (S. 313-330). Wiesbaden: VS Verlag.

Vaughn, S. & Fuchs, L. S. (2003). Redefining Learning Disabilities as Inadequate Response to Instruction: The Promise and Potential Problems. *Learning Disabil Res Pract, 18* (3), 137-146.

Vereinte Nationen (2006). *Übereinkommen über die Rechte von Menschen mit Behinderungen*. Abruf am 21.12.17. Online verfügbar unter: http://www.un.org/Depts/german/uebereinkommen/ar61106-dbgbl.pdf

Vohns, A. (2007). *Grundlegende Ideen und Mathematikunterricht. Entwicklung und Perspektiven eines fachdidaktischen Prinzips*. Norderstedt: Books on Demand.

Von Aster, M. (2009). Neurowissenschaftliche Ergebnisse und Erklärungsansätze zu Rechenstörungen. In A. Fritz, G. Ricken & S. Schmidt (Hrsg.), *Handbuch Rechenschwäche. Lernwege, Schwierigkeiten und Hilfen bei Dyskalkulie* (2., erw. und aktual. Aufl., S. 197-214). Weinheim: Beltz.

Von Aster, M. & Lorenz, J. H. (2013). Rechenstörungen bei Kindern. Neurowissenschaft, Psychologie, Pädagogik (2., überarb. und erw. Aufl.). Göttingen: Vandenhoeck & Ruprecht.

Von Aster, M., Schweiter, M. & Weinhold Zulauf, M. (2007). Rechenstörungen bei Kindern. Vorläufer, Prävalenz und psychische Symptome. *Zeitschrift für Pädagogische Psychologie, 39*, 85-96.

Voß, S. (2011). *Mathea 2. Curriculumbasierte Messverfahren für den Mathematikunterricht in Klasse 2*. Abruf am 21.12.17. Online verfügbar unter: http://www.lernverlaufsdiagnostik.de

Voß, S. (2017). Datenbasierte Förderentscheidungen. In B. Hartke (Hrsg.), *Handlungsmöglichkeiten Schulische Inklusion. Das Rügener Modell kompakt* (S. 33-56). Stuttgart: Kohlhammer.

Voß, S., Blumenthal, Y., Diehl, K., Mahlau, K., Marten, K., Sikora, S. & Hartke, B. (2016). *Der Response-to-Intervention-Ansatz in der Praxis. Evaluationsergebnisse zum Rügener Inklusionsmodell*. Münster: Waxmann.

Voß, S. & Hartke, B. (2010). *Curriculumbasierte Messverfahren für den Mathematikunterricht in Klasse 1*. Abruf am 21.12.17. Online verfügbar unter: http://¬www.lernverlaufsdiagnostik.de

Voß, S. & Hartke, B. (2014). Curriculumbasierte Messverfahren (CBM) als Methode der formativen Leistungsdiagnostik im RTI-Ansatz. In M. Hasselhorn, W. Schneider & U. Trautwein (Hrsg.), Lernverlaufsdiagnostik (Tests und Trends N. F., Bd. 12, S. 83-99). Göttingen: Hogrefe.

Voß, S., Sikora, S. & Hartke, B. (2015). Was heißt hier Evidenzbasiert? – Kriterien zur wissenschaftlich begründeten Auswahl von Materialien für den Mathematikunterricht in der Grundschule. *Zeitschrift für Heilpädagogik, 66* (2), 85-101.

Voß, S., Sikora, S. & Hartke, B. (2017). Lernverlaufsdiagnostik als zentrales Element der Prävention von Rechenschwierigkeiten. In A. Fritz-Stratmann, G. Ricken & S. Schmidt (Hrsg.), *Handbuch Rechenschwäche* (3., überarb. und erw. Aufl., S. 339-355). Weinheim: Beltz.

Voss, T., Kunina-Habenicht, O., Hoehne, V., & Kunter, M. (2015). Stichwort Pädagogisches Wissen von Lehrkräften: Empirische Zugänge und Befunde. *Zeitschrift für Erziehungswissenschaft, 18* (2), 187-223.

Walther, G. (2004). *Gute und andere Aufgaben. Beschreibung des Moduls 1 für das Projekt Sinus-Transfer Grundschule*. Abruf am 21.12.17. Online verfügbar unter: http://sinus-transfer-grundschule.de/fileadmin/Materialien/Modu1.pdf

Walther, G., Selter, C. & Neubrand, J. (2011). Die Bildungsstandards Mathematik. In G. Walther, M. van den Heuvel-Panhuizen, D. Granzer & O. Köller (Hrsg.), *Bildungsstandards für die Grundschule: Mathematik konkret* (5. Aufl., S. 16-41). Berlin: Cornelsen.

Walther, G., van den Heuvel-Panhuizen, M., Granzer, D. & Köller, O. (Hrsg.) (2011). *Bildungsstandards für die Grundschule. Mathematik konkret* (5. Aufl.). Berlin: Cornelsen.

Wartha, S. & Schulz, A. (2013). *Rechenproblemen vorbeugen* (2. Aufl.). Berlin: Cornelsen.

Wayman, M., Wallace, T., Wiley, H. I., Tichá R. & Espin, C. A. (2007). Literature Synthesis on Curriculum-Based Measurement in Reading. *The Journal of Special Education, 41* (2), 85-120.

Wehrmann, M. (2003). *Qualitative Diagnostik von Rechenschwierigkeiten im Grundlagenbereich Arithmetik*. Berlin: Köster.

Weinert, F. E. (2001). Vergleichende Leistungsmessung in Schulen – eine umstrittene Selbstverständlichkeit. In F. E. Weinert (Hrsg.), *Leistungsmessungen in Schulen* (S. 17-31). Weinheim: Beltz.

Weingart, M. (2004). *Fehler zeichnen uns aus. Transdisziplinäre Grundlagen zur Theorie und Produktivität des Fehlers in Schule und Arbeitswelt*. Bad Heilbrunn: Klinkhardt.

Wember, F. B. (2001). Adaptiver Unterricht. *Sonderpädagogik, 31*, 161-181.

Wielpütz, H. (2010). Qualtitätsanalyse und Lehrerbildung. In C. Böttinger, K. Bräuning, M. Nührenbörger, R. Schwarzkopf & E. Söbbeke (Hrsg.), *Mathematik im Denken der Kinder* (S. 109-114). Seelze: Friedrich.
Winter, H. (1975). Allgemeine Lernziele für den Mathematikunterricht? *Zentralblatt für Didaktik der Mathematik, 3*, 106-116.
Winter, H. (1989). *Entdeckendes Lernen im Mathematikunterricht. Einblicke in die Ideengeschichte und ihre Bedeutung für die Pädagogik*. Braunschweig: Vieweg.
Winter, H. (1998). Mathematik als unersetzbares Fach einer Allgemeinbildung. *Mitteilungen der Mathematischen Gesellschaft Hamburg, 17*, 75-83.
Winter, H. (2016). *Entdeckendes Lernen im Mathematikunterricht. Einblicke in die Ideengeschichte und ihre Bedeutung für die Pädagogik* (3., aktual. Aufl.). Wiesbaden: Springer Spektrum.
Wittmann, E. Ch. (1994). Wider die Flut der »bunten Hunde« und der »grauen Päckchen«: Die Konzeption des aktiv-entdeckenden Lernens und des produktiven Übens. In E. Ch. Wittmann & G. N. Müller (Hrsg.), *Handbuch produktiver Rechenübungen. Band 1. Vom Einspluseins zum Einmaleins* (2., überarb. Aufl., S. 157-171). Stuttgart: Klett.
Wittmann, E. Ch. (1995). Aktiv-entdeckendes und soziales Lernen im Arithmetikunterricht. In G. N. Müller & E. Ch. Wittmann (Hrsg.), *Mit Kindern rechnen* (S. 10-41). Frankfurt a.M.: Arbeitskreis Grundschule – Der Grundschulverband – e.V.
Wittmann, E. Ch. (2010). Natürliche Differenzierung im Mathematikunterricht der Grundschule – vom Fach aus. In P. Hanke, G. Möves-Buschko, A. K. Hein, D. Berntzen & A. Thielges (Hrsg.), *Anspruchsvolles Fördern in der Grundschule* (S. 63-78). Münster: Waxmann.
Wittmann, E. Ch. (2015). Das systemische Konzept von Mathe 2000+ zur Förderung »rechenschwacher« Kinder. In H. Schäfer & C. Rittmeyer (Hrsg.), *Handbuch Inklusive Diagnostik* (S. 199-213). Weinheim: Beltz.
Wittmann, E. Ch. & Müller, G. N. (1992). *Handbuch produktiver Rechenübungen. Band 2. Vom halbschriftlichen zum schriftlichen Rechnen*. Stuttgart: Klett.
Wittmann, E. Ch. & Müller, G. N. (2008a). *Der Blitzrechenkurs. Basiskurs Zahlen*. Stuttgart: Klett.
Wittmann, E. Ch. & Müller, G. N. (2008b). *Probieren und Kombinieren 1. Igelaufgaben zum Zahlenbuch 1*. Stuttgart: Klett.
Wittmann, E. Ch. & Müller, G. N. (2010). *Verstehen und Trainieren 1. Grundaufgaben zum Zahlenbuch 1*. Stuttgart: Klett.
Wittmann, E. Ch. & Müller, G. N. (2012a). *Das Zahlenbuch 1.* Stuttgart: Klett.
Wittmann, E. Ch. & Müller, G. N. (2012b). *Das Zahlenbuch 2.* Stuttgart: Klett.
Wittmann, E. Ch. & Müller, G. N. (2012c). *Das Zahlenbuch 3.* Stuttgart: Klett.
Wittmann, E. Ch. & Müller, G. N. (2012d). *Das Zahlenbuch 1. Begleitband.* Stuttgart: Klett.
Wittmann, E. Ch. & Müller, G. N. (2013). *Das Zahlenbuch 4.* Stuttgart: Klett.

Wittmann, E. Ch. & Müller, G. N. (2015a). *Fördern und Diagnose mit dem Blitzrechenkurs. Handreichung für die Praxis.* Stuttgart: Klett.
Wittmann, E. Ch. & Müller, G. N. (2015b). *Vernetzen und Automatisieren. Aufgabenblätter zum Blitzrechnen.* Stuttgart: Klett.
Wittmann, E. Ch. & Müller, G. N. (2017). *Handbuch produktiver Rechenübungen. Band 1. Vom Einspluseins zum Einmaleins* (3., komplett überarb. und erw. Neufassung). Stuttgart: Klett.
Wocken, H. (1998). Gemeinsame Lernsituationen. Eine Skizze zur Theorie des gemeinsamen Unterrichts. In A. Hildeschmidt, A. & I. Schnell (Hrsg.), *Integrationspädagogik. Auf dem Wege zu einer Schule für alle* (S. 35-52). Weinheim: Juventa.
Wygotski, L. S. (1987). *Ausgewählte Schriften. Band 2: Arbeiten zur psychischen Entwicklung der Persönlichkeit.* Köln: Pahl-Rugenstein.
Zech, F. (2002). *Grundkurs Mathematikdidaktik. Theoretische und praktische Anleitung für das Lehren und Lernen von Mathematik* (10., völlig neu bearb. Aufl.). Weinheim: Beltz.
Zimmermann, K. R. (2011). *Jedes Kind kann rechnen lernen: Rechenschwäche und Dyskalkulie – Wie Eltern helfen können.* Weinheim: Beltz.

Bodo Hartke (Hrsg.)

Handlungsmöglichkeiten Schulische Inklusion

Das Rügener Modell kompakt

2018. 273 Seiten,
27 Abb., 29 Tab. Kart.
€ 38,-
ISBN 978-3-17-033539-4

Damit Inklusion gelingen kann, braucht es förderkompetente und handlungsstarke Lehrerinnen und Lehrer. Das Buch informiert sehr konkret über Handlungsstrategien und Handlungsmöglichkeiten, die zu einer gelingenden inklusiven Schule beitragen. Die Buchkapitel beziehen sich dabei auf die Bereiche schulischer Arbeit, die für die Inklusion zentral sind: das Inklusionsverständnis, die Förderung auf mehreren Ebenen, datenbasierte Förderentscheidungen, inklusionsorientierter Deutschunterricht, inklusionsorientierter Mathematikunterricht, Sprachförderung, Förderung der emotionalen sozialen Entwicklung und des Verhaltens, soziale Integration, kognitive Förderung, Teamarbeit und Qualitätssicherung. Die Darstellung basiert auf dem Response to Intervention-Ansatz: ein pragmatisches und nachweislich erfolgreiches Inklusionsmodell zur Prävention von Entwicklungsstörungen und zur gemeinsamen Beschulung von Schülerinnen und Schülern mit und ohne sonderpädagogischem Förderbedarf.

Dr. Bodo Hartke ist Professor für Sonderpädagogik mit dem Förderschwerpunkt Lernen an der Universität Rostock.

Kathrin Mahlau

Kinder mit Sprachauffälligkeiten

Förderung in inklusiven Schulklassen

Ca. 160 Seiten. Kart.
Ca. € 26,-
ISBN 978-3-17-033832-6

auch als EBOOK

Handlungsmöglichkeiten
Schulische Inklusion

Wie gelingt Unterricht mit Kindern, deren Sprachentwicklung so auffällig ist, dass sie ohne gezielte Hilfen nicht hinreichend vom „normalen" Grundschulunterricht profitieren? Wie erhalten Lehrkräfte schnell und übersichtlich Informationen über den Sprachentwicklungsstand der Kinder ihrer Klasse und was können sie im Unterricht tun, wenn Probleme in den sprachlichen Kompetenzen deutlich werden? Antworten darauf gibt das Buch, indem es die Handlungsmöglichkeiten im Bereich Sprache vertiefend und praxisnah erläutert. Es wird dargestellt, wie Lehrkräfte von der Feststellung sprachlicher Auffälligkeiten zur Zielableitung und zur Festlegung von Fördermaßnahmen kommen. Die Darstellung der Fördermaßnahmen geht ausführlich auf Materialien und Umsetzungsstrategien ein, die sich unkompliziert in den Unterricht der ganzen Klasse implementieren lassen.

PD. Dr. Kathrin Mahlau hat eine Vertretungsprofessur am Lehrstuhl Sonderpädagogik und Inklusion an der Ernst-Moritz-Arndt-Universität Greifswald.

W. Kohlhammer GmbH
70549 Stuttgart

Kohlhammer